L'ESSENTIEL DE LA MUSIC INDÉPENDANTE

Enrichissez votre culture musicale grâce à ce livre dédié aux artistes amateurs, semi-pro et Professionnel

L'ESSENTIEL DE LA MUSIC INDÉPENDANTE

Edition 2022/2023

Préalable :
L'auteur a apporté le plus grand soin à la réalisation de ce livre afin de fournir une information complète et fiable. Cependant, il n'assume pas de responsabilités, ni pour son utilisation, ni pour les contrefaçons de brevets ou atteintes aux droits de tierces personnes qui pourraient résulter de cette utilisation.

Présentation Du Livre :

L'essentiel de la musique indépendante est destiné aux artistes musiciens amateurs, semi professionnels voir professionnels qui souhaitent réussir dans l'industrie musicale. Ce livre vous propose plusieurs outils nécessaires pour la réussite de votre projet

ou carrière artistique.
Fini les angoisses !
L'essentiel de la music indépendante vous apporte les
solutions adaptées et des contacts directs pour l'évolution de votre projet. Vous saurez désormais quoi faire, comment le faire, quand le faire, avec qui le faire.

CONSEILS & ASTUCES

1.1 Présentation du livre

Depuis votre enfance, vous avez toujours rêvé de chanter, d'être au-devant de la scène et d'avoir un publique qui vous applaudit. Votre rêve peut se réaliser si vous y croyez fortement et que vous y mettez de la volonté, l'efficacité et beaucoup de motivation.

Faire de la musique n'est pas chose facile car comme un travail ordinaire il vous faudra donner beaucoup de votre temps pour arriver à vos objectif, certains artistes connus y passent la moitié de leurs vies avant d'atteindre leurs objectifs "être une star planétaire".

Ne vous m'éprenez pas, être une star n'est pas donné à tout le monde, mais être connu par des centaines de personnes est accessible à un nombre d'artiste. Donc si vous viser plus haut pour devenir une star préparer vous à vous dépasser et à galéré car personne ne vous tendra gratuitement la main pour vous faire monter les escaliers de la gloire. Comme tout travail, il vous faudra un peu de connaissance dans le métier pour affronter les difficultés, les imprévus et savoir distinguer les bonnes et les mauvaises personnes car sur votre chemin vous trouverez des personnes qui viendrons vous faire de l'ombre.

Ne vous décourager jamais car chaque étape que vous ferez sera pour vous une expérience importante pour arriver à destination. Penser positif et dites-vous que votre moment viendra ou tout vous semblera plus facile et profiterez de votre travail.

En lisant ce livre, vous aurez quelques connaissances du métier et anticiperez les choses avant d'y être confronter. Ce savoir vous permettra aussi d'avoir un ensemble de connaissances ou d'aptitudes reproductibles acquises par l'étude du livre.

Le but de ce livre est de vous apprendre toutes les techniques dont vous avez besoin pour réussir dans la musique notamment les contacts et stratégies à adaptées pour être au sommet de votre

Carrière.

1.2 Les règles d'or

Avant de vous lancer en musique, sachez que vous devez savoir quelque règle à respecter ;

- La patience
- L'écoute
- La reconnaissance

1.3 Pourquoi être patient dans la vie ?

La patience nous aide à être plus calme, à comprendre les autres et à prendre en compte leurs émotions et leur point de vue. Cela permet aussi de créer un environnement de confiance. Quand on est impatient, on s'emporte plus facilement. Et cela peut parfois nous amener à dire ou faire des choses blessantes.

1.4 C'est quoi une personne à l'écoute ?

Manifester une certaine aptitude à savoir écouter les autres. Exemple : C'est parce qu'elle sait être à l'écoute et qu'elle ne juge jamais.

1.5 Qu'est-ce que la reconnaissance envers quelqu'un ?

C'est l'action de reconnaître, d'admettre et d'accepter quelqu'un ou quelque chose comme vrai ou réel. La reconnaissance suppose donc un sentiment légitime de gratitude et de respect envers le collaborateur, pour qui vous êtes reconnaissant.

2 ÉVALUATION DE VOS COMPÉTANCES

C'est le moment ou vous pourrez savoir si vous possédez les compétences requises pour vous lancer tout de suite dans le domaine musical ou si vous aurez besoin d'une formation élargie.

Dans la musique vous avez trois niveaux de compétence :

Niveau amateur, semi pro et professionnel.

2.1 Niveau amateur

En musique être un amateur est considéré comme, étant vos premiers pas en musique comme un bébé qui vient de naître. Il vous faut apprendre toutes les bases élémentaires comme ;

- Le chant
- Les instruments de musique
- La production musicale
- Le marketing
- L'édition musicale
- Tous les contrats musicaux

2.2 Niveau semi pro

Ce niveau permet d'avoir des compétences élèves dans l'élaboration de votre projet assai pour produire et sortir votre projet musical Single, EP ou Album en indépendant.

2.3 Niveau professionnel

Avec ce niveau, vous êtes spécialiste et connaissez tous les ficelles du métier musical, de l'élaboration d'un projet aux contrats de productions et partenariats.

2.4 Synthèse

Ne vous méprenez pas, l'époque de la gratuité musicale est révolue. Il vous faut prévoir un budget minimum ou maximum car il s'agit d'un plan de dépense de vos projets.

3 INDUSTRIE MUSICALE

3.1 Qui fait quoi ?

L'éditeur phonographique est chargé de l'exploitation du disque tandis que l'éditeur graphique va rechercher, signer et développer des auteurs-compositeurs. Il contrôle les diffusions et répartit les droits d'auteur. Son rôle principal est de chercher l'argent que la musique de l'artiste a généré.

Pour la cinquième année d'affilée, ce marché poursuit sa dynamique de croissance en France : avec 861 millions d'euros de chiffre d'affaires en 2021, il progresse de 14,3 % par rapport à 2020, selon le bilan du Syndicat national de l'édition phonographique (SNEP). Elle rebondit grâce à l'essor du streaming payant. Si bien que les ventes de musique en France n'ont représenté en 2021 qu'à peine plus de la moitié de leur niveau historique de 2002.

Les maisons de disques, labels et artistes indépendants ne sont plus obligés de presser un CD pour diffuser leur musique. Maintenant, ils font recours au Stream.

Les artistes bénéficient d'une plus grande liberté pour créer, diffuser et promouvoir leur musique sans avoir recours aux intermédiaires traditionnels du secteur. L'autoproduction leur permet d'être leur propre média grâce aux réseaux sociaux numériques ce qui les rend moins sous l'autorité des maisons de disque.

Parallèlement, les maisons de disque ont dû trouver de nouvelles sources de revenus pour compenser la crise des années 2000. Elles ont donc adapté leurs pratiques contractuelles en conséquence. Dans cet article, vous retrouverez tout ce qu'il y a à savoir sur les différents types de contrat proposés par les maisons de disque ou labels.

3.2 À savoir ;
* Royalties (en anglais) = redevances (en français), c'est le pourcentage d'argent que l'artiste perçoit proportionnellement au chiffre d'affaires qu'a généré l'exploitation des disques vendus.

- Assiette de calcul, c'est la base de calcul de ce pourcentage.
- Abattement, c'est une technique qui vise à diminuer une assiette de calcul.

Avances, système d'aide financière instauré entre la maison de disque et l'artiste pour permettre à ce dernier de préparer confortablement son album, c'est-à-dire couvrir la réalisation et que l'artiste puisse en vivre plusieurs mois.

4 ACTEURS DE L'INDUSTRIE MUSICALE

- Les artistes
- Les managers
- Les producteurs
- Les maisons de disque
- Les attachés de presse
- Les distributeurs
- Les éditeurs
- Les tourneurs
- Les médias

5 IDENTÉ VISUELLE ET ARTISTIQUE

- L'identité visuelle, un élément clé ! ...

A partir de son identité artistique, un artiste peut se créer son propre style et sa propre vision artistique. C'est pourquoi il doit être unique dans tout son parcours de création car copier un chanteur, un musicien ou un groupe que l'on admire sera contre-productif. S'en inspirer oui, mais ne surtout pas copier (le plagiat n'est pas bien vu dans le milieu artistique).

6 CRÉER SON IDENTITÉ

Avoir son propre style pour se démarquer des autres artistes et réussir dans l'univers de la musique, un artiste doit vendre des disques et développer sa singularité et son style pour se faire une place dans le milieu artistique. Il est important de regarder, analyser, s'imprégner, s'inspirer de nombreux autres artistes. Les réseaux sociaux sont de beaux moyens d'en découvrir de nouveaux. Dans l'idéal, il faut faire fructifier cette inspiration.

Il faut tenir compte de plusieurs paramètres :

- Styles d'écriture de vos chansons
- Les thèmes de vos chansons

- Les compositions musicales
- Les lignes de chant
- Style vestimentaire
- Photographies

Etc....

7 PROTEGER SON NOM D'ARTISTE

Vérifier si vous êtes bien l'unique détenteur de votre nom d'artiste sur Google, il convient de ne pas seulement rechercher l'intitulé exact de votre nom, mais également les dérivés qui s'en rapprochent.

Ensuite vous rendre sur les bases de données Infogreffe et de l'INPI (Institut National de la Protection de la Propriété Industrielle) et taper votre nom dans la barre de recherche.

Les noms d'artiste sont protégés par le droit d'auteur à la condition qu'ils soient nouveaux et originaux. Ils peuvent également être protégés par le droit des marques dans le cadre d'un dépôt de marque auprès de l'Institut national de propriété industrielle (INPI) sans que ce ne soit une obligation.

Voici quelques étapes et structures pour la protection de votre nom :

7.1 INPI

Auprès de l'INPI, vous pouvez déposer votre pseudo d'artiste en tant que marque. Vous pourrez dans ce cas identifier et promouvoir les services proposés en tant que prestataire ou les produits sur lesquels ou sur le conditionnement desquels elle est apposée.

- Protéger votre nom auprès de l'INPI

Grâce à l'enveloppe Soleau (15 € pour une durée de 5 ans). L'enveloppe Soleau est un moyen de preuve de création dont les formalités de dépôt à l'INPI sont peu contraignantes. Tout le monde peut déposer une enveloppe.

- Processus en ligne sur le site de l'INPI

Le dépôt d'un dossier en ligne est une procédure qui vous permet d'attendre un délai de deux mois au cas où une personne possédant ce nom souhaiterait faire opposition. Une fois les deux mois écoulés, le dépôt de votre nom est valable de marque est valable pour 10 ans !
Site web : https://www.inpi.fr

7.2 SACEM

Après le dépôt de votre nom à l'INPI, vous devez vous enregistrer à la SACEM.

7.3 C'est quoi la SACEM ?

Société civile à but non lucratif.

Fondée en 1851, elle est membre de la Confédération internationale des sociétés auteurs, compositeurs et éditeurs de musique.

Elle assure la collecte et la répartition des droits dus aux auteurs, compositeurs et éditeurs de musique qui sont ses membres." La Sacem intervient régulièrement dans la vie d'un artiste car c'est auprès d'elle que vous devez déclarer individuellement chacun de

vos titres. Notez que le service d'admission de la Sacem se réserve tout de même le droit de refuser votre nom s'il existe trop de similarités avec un nom déjà existant.

7.4 Demande d'admission SACEM

Un droit d'entrée d'un montant de 154 € (10 € de part de capital social (2) et 144 € de frais d'adhésion) vous est demandé pour adhérer à la Sacem. Vous pouvez le payer : Par chèque à l'ordre de la Sacem.
Site web : https://www.sacem.fr

7.5 Acheter votre nom de domaine

Dans l'univers du Web, un nom de domaine se résume à l'identifiant d'un domaine internet. Ce dernier est lui-même défini comme un groupe d'ordinateurs qui partagent une caractéristique commune et qui sont tous reliés au réseau internet.

7.6 Avoir le nom de domaine d'un site

Le nom de domaine est attribué à celui qui en demande la réservation en premier. C'est donc la règle du premier arrivé, premier servi qui prévaut. Pour réserver un nom de domaine, il faut s'adresser à l'organisme gestionnaire qui en a la charge.

7.7 Organismes les plus connus sont :

France/ OVH, Ionos, PlanetHoster, MisterHosting,

TopHebergement et Amen.

États-Unis/ GoDaddy, Arvixe, BlueHost, GreenGeeks, Hostgator.

Autres sites/ one.com, o2switch,

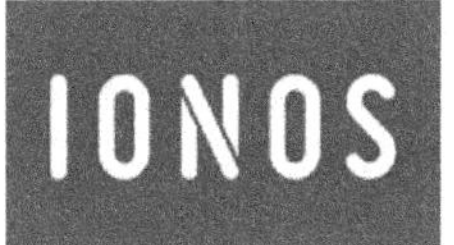

Notez que certains proposent également des services annexes comme la création de site internet.

Les coûts d'hébergement d'un site web peuvent varier, allant de 2,50€ par mois à 666€ avec création d'un site web.

N'oubliez pas de faire des publications sur les réseaux sociaux et blog gratuit pour augmenter le référencement de votre nom.

Exemple :

- Info du jour !

L'artiste "votre nom" est en ce moment en studio pour l'enregistrement de son single "pratique".

En publiant cette phrase sur les réseaux sociaux ou blog, votre nom d'artiste sera identifié en cas de recherche sur Google.

8 PRODUIRE UN SINGLE, EP OU ALBUM

8.1 Voici quelques étapes importantes à suivre :

- Prévoyez beaucoup de temps
- Mettez à jour votre dossier de presse
- Prévoyez une stratégie
- Préparez-vous à faire connaître votre projet
- Soyez actif sur les réseaux sociaux
- Planifiez votre spectacle de lancement et rendez-le unique

8.2 Mettre en place un budget réaliste et un échéancier pour la sortie.

- Apports en fonds propres
- Subventions des organismes professionnels et des collectivités publiques.

- Mécénats

Beaucoup de ces tâches seront financées en fonds propres mais faites un budget quand même pour alimenter la

réflexion stratégique et évaluer les différents modes de financements envisageables.

Avant de promouvoir votre nouvelle sortie, il faut que tous vos éléments de communication aillent dans la même direction.

Tous les documents et aspects de votre image doivent viser à promouvoir la sortie de nouveau Single, EP / Album :

- Les photos presse
- La biographie
- L'EPK (dossier de presse)
- Les réseaux sociaux
- Le site internet

8.3 Qu'est-ce que veut dire feat ?

Telle pourrait être la devise des artistes du moment. La plupart ont, au moins une fois, succombé à la mode du « feat. », l'abréviation de « featuring ». Ce mot anglais, qui signifie « en présence de... », désigne un morceau chanté avec un (ou plusieurs) autre(s) interprète(s), spécialement « invités » et permet de toucher de nouveaux publics.

8.4 Choisir le morceau pour le single

Le choix du single est primordial pour que votre stratégie de communication soit efficace. C'est le titre que vous mettrez en avant et que les personnes contactées écouteront en premier. Il va représenter votre projet et donnera un premier aperçu de votre identité musicale et artistique. Si vous vous demandez lequel choisir, demandez l'avis de vos premiers fans et de votre entourage proche, il y a très souvent un titre plus populaire que les autres.

8.5 Choisir un distributeur

Premièrement, explorez les différents circuits de distribution : digital et/ou physique. Ensuite, renseignez-vous sur les agrégateurs et les distributeurs. Avez-vous intérêt à aller chercher un distributeur ou un agrégateur suffira ? Si distributeur il y a, la date de sortie est à caler en fonction de son planning.

8.6 Choisir un booker

Le booker est un partenaire majeur, toutefois, si vous n'en trouvez pas, vous pouvez réussir à trouver des dates.

8.7 Choisir un attaché presse

Le boulot est habituellement fastidieux, c'est pour cela que le prix est élevé lorsqu'on passe par des professionnels. Cependant, avec assez de temps et en ciblant les bons médias, vous pouvez obtenir des résultats très positifs.

8.8 Communication early stage

Cette phase de communication consiste à envoyer en avance du contenu exclusif à votre communauté. Vous pouvez envoyer un email annonçant la date de sortie, partager un extrait ou un morceau en exclusivité. En règle générale, les fans sont les premiers informés et vous devriez constamment prendre l'habitude de collecter les adresses mails des nouveaux fans. Au fur et à mesure du lancement, vous pourrez aussi partagez vos singles, vos passages médias ou encore la pochette d'album.

8.9 Précommande

Puisque tout est anticipé, vous avez le temps de proposer votre single à la précommande, sur iTunes, Amazon ou sur votre site. Cela encouragera votre communauté à acheter votre projet ou merchandising en avance, surtout si vous décidez d'inclure un ou plusieurs bonus exclusifs (ticket de concert, t-shirt, sticker, etc.).

8.10 Le teasing

Pour faire monter l'attente autour de votre produit, vous pouvez aussi :

- Annoncer la date de sortie quelques semaines en amont
- Sortir un extrait du clip
- Sortir un extrait du single

Entre temps, vous pourrez partager des photos du clip ou de la pochette pour les plonger doucement dans l'univers du morceau.

8.11 Quand sortir son EP / Album ?

Les bonnes périodes de sorties sont : septembre, octobre, novembre, février, mars et avril. Il faut viser une date réalisable pour ne pas annoncer un retard et se renseigner sur les évènements qui auront lieu le même jour. Il se peut qu'il y ait des festivals, d'autres lancements plus importants, etc. Le mois de janvier est à éviter. Le mois de décembre est une possibilité mais fortement prisée en termes d'attention. L'idéal c'est au printemps !

8.12 **Plateformes de streaming**

8.12.1 Spotify : https://www.spotify.com

Quels sont les différents abonnement Spotify ?

Après, la plateforme de streaming musical propose 4 formules Spotify Premium : l'abonnement Personnel à 9,99 euros par mois (1 compte), l'abonnement Duo

Premium à 12,99 euros par mois
(2 comptes), l'offre Spotify Famille à 14,99 euros par mois (6 comptes) et la formule étudiante à 4,99 euros par mois (1 compte).

8.12.2 Apple Music : https://www.apple.com
Sans engagement. Résiliation possible à tout moment. ; Voice. 4,99 €/mois. Essai gratuit ; Étudiant · 5,99 €/mois. Essai gratuit ; Individuel. 9,99 €/mois. Essai ...

8.12.3 YouTube Music : https://music.youtube.com
Il coûte 9,99 euros par mois pour un seul utilisateur. Il existe également un plan à 14,99 € qui peut être utilisé par 5 utilisateurs, ce qui le rend moins cher d'un euro par rapport au même plan proposé par Spotify. Enfin, il existe également un plan à 4,99 euros pour les étudiants.

8.12.4 Amazon Music : https://music.amazon.fr
Quels sont les différents abonnement Amazon Music ?

amazon music

Vous avez le choix entre plusieurs types d'abonnement : Amazon Music Unlimited - Offre Individuelle. Amazon Music Unlimited Offre Famille. Offre Amazon Music pour un seul appareil.

L'offre de 3 mois gratuits s'applique exclusivement à l'abonnement Amazon Music Unlimited - Offre Individuelle Mensuelle. A la fin des 3 mois d'essai gratuit, et sans annulation de votre part, vous serez prélevé de 9,99 € par mois. L'abonnement peut être annulé à tout moment.

8.12.5 TIDAL : https://tidal.com
Tidal propose 2 offres, un abonnement Premium à 9,99€/mois et un abonnement HIFI à 19,99€/mois.8.12.6 Deezer : https://

www.deezer.com

Deezer est une plateforme française de distribution numérique dédiée à l'écoute de musique en streaming lancé en août 2007.

Ce service permet l'écoute de musiques et podcasts, issus d'un catalogue négocié avec les labels regroupant plus de 90 millions de titres en 2022. Essayer gratuitement 3 mois offerts puis 10,99 €/ mois. Sans engagement, résiliez à tout moment.

8.12.7 Qobuz : https://www.qobuz.com
L'abonnement Studio Premier est disponible en formule Solo à 12,50 euros par mois (ou 14,99 €/mois sans engagement), et Famille, à 20,83 euros par mois (ou 24,99 €/mois sans engagement).

8.12.8 Napster : https://www.napster.com
Il ne propose qu'un seul abonnement, à 9,95€/mois. Soit le même prix que le forfait Premium des autres plateformes.

9 DISTRIBUTEURS STREAMING

9.1 Les meilleurs plateforme de streaming

9.1.1 Tunecore : https://www.tunecore.fr
Distribuez votre musique sur plus de 150 plateformes numériques dans 200 pays du monde.

Découvrez les tendances quotidiennes surtunecore, et conservez chaque centime de vos revenus de streaming et téléchargement.

- GRATUIT

Destinée aux artistes émergents qui cherchent à gagner en visibilité sur les réseaux sociaux, cette solution a été créée pour vous permettre de diffuser gratuitement un nombre illimité de titres sur les librairies musicales de TikTok, d'Instagram, de YouTube et même de Snapchat.

- ESSENTIEL 14,99€ /an

L'abonnement qui inclut les fonctionnalités de base pour distribuer votre musique en illimité sur + de 150 plateformes musicales du monde entier.

- SEMI-PRO 29,99€ /an

Diffusez un nombre illimité de titres et bénéficiez de fonctions avancées pour personnaliser vos sorties.

- PROFESSIONNEL 49,99€ /an

L'abonnement premium pour les labels et les professionnels de l'industrie. Diffusez votre musique en illimité et accédez à des produits et à des services exclusifs.

- PUBLISHING ADMINISTRATION

Auteurs-compositeurs en gérant les licences, l'identification et la collecte des royalties générées par leurs compositions dans le monde, mais s'occupe aussi de leurs opportunités de placement à la télévision, au cinéma, dans la publicité, dans des jeux vidéo, et ...

9.1.2 CD baby : https://cdbaby.com

CD baby vous accompagne pour partager vos créations en ligne et vous rémunérer.

Un coup de pouce idéal pour les artistes n'ayant pas toutes les connaissances dans le marketing digital.

- STANDARD SINGLE ($ 9.95)
- PRO SINGLE ($ 29.95)
- STANDARD ALBUM ($ 29)
- PRO ALBUM ($ 69)

9.1.3 DistroKid : (https://distrokid.com)

Très apprécié Outre-Atlantique, Distrokid vous propose une offre unique à 20$ par an pour des publications de titres en illimité ! Après avoir payé un peu moins de 20€ pour une année, vous pouvez ainsi diffuser la quantité de musique que vous désirez sur plus de 150 plateformes musicales !

9.1.4 Ditto : https://dittomusic.com

- » Artist » pour un seul artiste au prix de 19 euros par an ;
- » Professional » pour deux artistes au prix de 29 euros par an ;
- » Label » pour 5 à 40 artistes. Le prix va de 69 à 299 euros par an.

9.1.5 RouteNote https://www.routenote.com

La distribution de Routenote est divisée en deux plans différents : gratuit (free) et premium.

Les frais initiaux sont de :

- $ pour un single (un seul titre) ;
- 20 $ pour un EP (de 2 à 6 titres) ;
- 30 $ pour un album (de 7 à 18 titres) ;
- 45 $ pour un Extended Album (plus de 18 titres)

9.1.6 iMusician Digital : https://imusician.pro
Vous pouvez acheter un single pour 19€* et un EP pour

29€* avec notre plan Regular.

Avec ce plan, vous pouvez acheter un pack de crédits promo d'une valeur de 67€* (prix de 2 singles et 1 EP avec Regular) mais vous ne payez que 59.99€*.

De même, avec notre plan Rockstar, vous pouvez acheter un single pour 39€* et un EP pour 79€*.

Avec ce plan, vous pouvez acheter un pack de crédits promo d'une valeur de 157€* (prix de 2 singles et 1 EP avec Rockstar) mais vous ne paierez que 140,99€*.

Cette stratégie vous donne l'opportunité de sortir 2 singles et 1 EP. Nous vous offrons l'EP gratuitement ! Il vous suffit de choisir votre plan tarifaire entre Regular ou Rockstar.

Bien qu'il existe une multitude de distributeurs digitaux actuellement dans l'industrie de la musique, seuls quelques-uns d'entre eux pourront répondre pleinement à vos attentes.

N'hésitez plus à faire votre choix, distribuer vos titres n'aura jamais été aussi facile.

10 COMBIEN COUTE LA PRODUCTION D'UN PROJET MUSICAL ?

Produire un album de 5 morceaux coûte en moyenne entre 3000 et 5000€. Ce budget englobe l'intégralité du processus. Il comprend donc la somme de la location du
studio, du matériel, la rémunération des artistes venus en support et le travail des ingénieurs de sons.

10.1 Organismes principaux pouvant t'aider à la production d'un enregistrement !

- SACEM
- ADAMI
- SPPF
- SCPP
- FCM
- CNM

10.1.1 Société des auteurs compositeurs éditeurs de musiques (SACEM)

La Sacem est le seul organisme proposant une aide directement versée à l'artiste. Elle s'élève à un montant de 4 500 euros et n'est pas cumulable avec l'aide du FCM. L'enregistrement doit être composé d'au moins 5 titres et il doit s'agir de ton premier ou deuxième album/EP auto-produit. Ton enregistrement devra obligatoirement faire l'objet d'une sortie physique ou numérique.

https://www.sacem.fr

10.1.2 La Société civile pour l'administration des droits des artistes et musiciens interprète (ADAMI)

Elle propose une aide à l'enregistrement ainsi qu'à la promotion de l'enregistrement. Le dossier doit impérativement être déposé au minimum un mois avant la date de fin d'enregistrement. Les montants maximums octroyés ne peuvent dépasser ⅓ du budget de

production de l'enregistrement et 80% du budget de promotion.

Une condition est néanmoins à prendre en note, l'enregistrement doit être pressé à hauteur de 1000 exemplaires pour les musiques actuelles et 500 pour le Jazz, les musiques classiques, baroques et contemporaines.

https://www.adami.fr

10.1.3 Société des producteurs de phonogrammes en France (SPPF)

Elle propose une aide à l'enregistrement, d'un montant ne pouvant pas dépasser 40 % du cadre subventionnable, elle concerne les réalisations d'album d'au minimum 3 titres inédits. Les live, les remix et les compilations sont exclus du dispositif.

Elle propose également une aide à la promotion. Les dépenses doivent atteindre un seuil minimum de 15 245 € sauf pour les albums jazz et classique dont le minimum doit atteindre 10 000 €. https://www.sppf.com

10.1.4 Société civile des producteurs phonographiques (SCPP)

Elle propose une aide à la création de phonogrammes qui concerne les réalisations d'album d'au minimum 4 titres différents et inédits.

Pour un nombre de titres inférieur, la durée d'enregistrement doit être au minimum de 30 minutes. Cet album/EP doit bénéficier d'une distribution physique ou numérique. En complément, la SCPP propose également une aide au marketing.

Les dépenses doivent atteindre un seuil minimum de 15 000 € (5

000 € pour le classique et le jazz). Si l'album n'est pas encore commercialisé au moment du dépôt de la demande, la subvention sera versée en deux temps : 50 % à la notification de l'octroi de la subvention et 50 % à la sortie de l'album.

https://www.scpp.fr

Quelle est la différence entre la SCPP et SPPF ?

– La SCPP perçoit, répartit et rémunère ses membres producteurs.rices après avoir collecté le montant des droits voisins auprès des utilisateurs des phonogrammes et vidéomusiques. Elle joue aussi un rôle contre la piraterie, avec la mise en place du code ISRC, sur les supports, et propose une aide à la création musicale grâce à ses fonds.

– La SPPF participe à la redistribution des rémunérations au titre de la copie privée (sonore et audiovisuelle) et de la rémunération équitable.Elle contribue également à l'élargissement de la protection et de la perception des droits de ses membres à l'étranger (Suisse, Québec, Italie, etc.) et consacre une partie de son budget à l'aide à la création et à la diffusion, au spectacle vivant et à la formation.

On entend souvent que la SCPP est davantage pour les majors et la SPPF pour les indépendants mais il faut noter que tous deux proposent des aides à la production, au tour, au clip, etc... qui peuvent atteindre 40% du budget.

Ce n'est pas négligeable, si toutefois votre disque est distribué physiquement nationalement.

10.1.5 Fond pour la Création musicale (FCM)

Est une association qui regroupe les principales sociétés de

répartition de droits (SACEM, SACD, Adami, Spedidam, SCPP, SPPF...), des organisations professionnelles et syndicales, ainsi que les pouvoir publics. Elle a pour objectif d'apporter des soutiens à la filière musicale, notamment au travers d'aides.

Elle propose 4 programmes différents de financement du spectacle vivant, et soutient des projets de concerts, de premières parties, de tournées et de festivals en France et à l'étranger. Le FCM favorise particulièrement les artistes qui allient la scène et le disque (ex: concerts pour la promotion d'un nouvel album).

10.1.6 Centre national de la musique (CNM)

Ce dispositif d'aide est destiné à soutenir les projets artistiques de création de spectacles (résidences, préproductions, répétitions), préalables à une restitution ou une exploitation du spectacle, et les projets de production et de diffusion de spectacles de musique ou de variétés.

https://cnm.fr

La plupart de ces aides et subventions sont cumulables entre elles. Le montant maximum cumulé ne pourra pas dépasser 50% de ton budget global prévu.

Si tu prévois un budget de 5 000 € pour la production de votre projet, vous pourrez alors prétendre à un financement à hauteur de 2 500 €. Une autre approche consisterait à

annoncer un budget de 10 000 pour ainsi bénéficier de 5 000 et investir de votre poche les 5 000 initialement prévus.

Avant de présenter un dossier à tous ces organismes, il faut déjà pouvoir écrire, noir sur blanc, tout ce que l'on va dépenser puisque l'on va être aidé en fonction de tout ce que l'on dépense pour le projet. Un budget cohérent jouera en votre faveur en mettant en avant le sérieux du projet. Les organismes doivent avoir l'impression que le projet se fera, avec ou sans leurs soutiens ! Une vidéo ou une maquette est aussi la bienvenue dans ce dossier...

11 COMMENT REALISER UN CLIP VIDEO ?

Réaliser un clip vidéo professionnel sans se ruiner peut s'avérer difficile...

- Trouver l'idée. ...
- Trouver un endroit en relation avec cette passion. ...
- Une seule journée de tournage centralisée dans un seul lieu. ...
- Ecrire un scénario. ...
- Rester raisonnable. ...
- Des horaires corrects. ...

- Valider le scénario AVANT le tournage. ...
- Le découpage technique.

Scénario d'un clip vidéo
Les règles d'or pour écrire un bon script

- Évitez d'écrire avec votre jargon. ...
- Faites des phrases courtes. ...
- Ne paraphrasez pas. ...
- Ajoutez de l'émotion et de l'humour. ...
- Utilisez un langage parlé

11.1 Budget d'un clip vidéo

Cela peut coûter jusqu'à 300 euros pour l'option du fait maison. Pour les productions de vidéoclips à petit budget, comptez entre 5000 euros et 10000 euros. Un clip musical peut coûter jusqu'à 300 000 euros sur un haut de gamme et même plusieurs millions quand on est une star internationale.

Il existe quelques logiciels gratuits comme iMovie, le logiciel de montage intégré à tous les ordinateurs Apple. Ce logiciel est un excellent moyen de se familiariser avec les principes de base du montage. Considéré comme un logiciel « non-professionnel », vous pourrez tout de même parvenir à de très bons résultats.

11.2 Logiciels de montage vidéo

- DaVinci Resolve.
- Windows Movie Maker.
- Adobe Premiere Pro. ...
- Shotcut. ...
- Openshot. ...
- Hitfilm Express. ...
- VideoPad.
- Blender.
- Lightworks
- VSDC
- Avid Media Composer

12 COMMENT ÉLABORER UNE STRATÉGIES MARKETING ?

Une stratégie marketing est un plan d'actions coordonnées mis en œuvre sur le moyen ou long terme dont le but serait de s'approcher au plus près de l'adéquation offre-demande.

Pour créer une stratégie marketing efficace vous devez ;

- Définissez vos objectifs marketing.
- Analysez votre marché.
- Dressez le profil de vos clients potentiels.
- Observez vos concurrents.
- Etablissez votre plan d'action.
- Testez, contrôlez et ajustez.

12.1 Objectifs marketing

Un objectif marketing est un but que vous vous fixez et que souhaitez atteindre généralement à court ou moyen terme.

Voici cinq raisons qui prouvent l'importance de se fixer des objectifs :

- Déterminer votre stratégie et les actions à entreprendre
- Définir vos indicateurs de performance et ainsi s'assurer de l'efficacité des campagnes menées.
- Augmenter votre rentabilité grâce à la poursuite des actions

12.2 Application de la méthode des objectifs SMART

SMART est un acronyme utilisé pour parler des attributs qu'un objectif doit posséder. Un objectif SMART est un objectif spécifique, mesurable, atteignable, réaliste et

temporel. Ces objectifs doivent être clairs et facilement compréhensibles pour être le plus efficace possible.

Exemple :
Spécifique, Mesurable, Atteignable, Réaliste, Temporellement défini.

12.3 Analysez votre marché

Une analyse de marché fournit des informations sur le secteur, les clients, les concurrents et la portée d'un marché. De plus, vous pouvez déterminer la relation entre produit et demande pour un produit ou un service spécifique.

12.4 Dresser le profil d'une clientèle

Est un ensemble d'éléments permettant de définir un profil.

La description du profil type client comprendra alors plusieurs aspects démographiques, des facteurs socio-économiques et des détails sur l'utilisation du produit par votre cible. Les aspects générationnels : la génération et le groupe d'âge de votre cible à une grande importance.

À savoir ;

- Faire connaître votre projet au public ;
- Augmenter le nombre d'abonnés sur vos réseaux sociaux en développant votre fan base. ...
- Inciter le public à venir à vos concerts ;
- Vendre vos albums, tout produit autour de votre musique (merchandising) ;
- Augmenter le nombre de vos followers (Spotify).

12.5 Concepts Clés du marketing

- Activités clés.
- Adéquation.
- Attentes.
- Besoins.
- Capture de valeur.
- Canaux.
- Cible.
- Cycle de vie du produit.

12.6 Quels sont les éléments du marketing ?

Les quatre composantes du marketing mix sont les suivantes :

- Product (politique des produits)
- Price (politique des prix)

- Place (politique de distribution)
- Promotion (politique de communication)

12.7 Quels sont les 3 éléments du marketing ?
3 étapes fondamentales de la démarche marketing, pour triompher à coup sûr

- Étape 1 : analyser, c'est le premier pas vers la réussite.
- Étape 2 de la démarche marketing : définir les objectifs.
- Étape 3 : prioriser les outils et moyens de communication.

12.8 Quel est le but principal du marketing ?
C'est une discipline qui a pour but d'analyser et d'influencer les besoins des consommateurs pour adapter l'offre et développer les ventes.

12.9 Marketing Opérationnel
Si le marketing stratégique a fixé des buts, le marketing opérationnel fixe les actions et les moyens pour les

atteindre. ...

- MARKETING D'INFLUENCE. ...
- MARKETING DIRECT. ...
- MARKETING RELATIONNEL.

12.10 Comment définir le marketing ?
Le marketing implique de connaître le marché (clientèle, ses attentes), son entreprise et de la concurrence (forces, faiblesses, opportunités, menaces) et de mettre au point une stratégie pour commercialiser ses produits ou services : définir le produit, son prix, son canal de distribution et ses moyens de promotion.

Si vous voulez marquer les esprits et créer le buzz, il n'y a rien de mieux que le street marketing. Ce type de marketing va toucher ses cibles dans leur quotidien que ce soit dans le métro, dans la rue, dans les lieux publics, sur les trottoirs, sur les passages piétons.

12.11 Comment faire un plan de marketing ?

- Définissez vos objectifs marketing. ...
- Analysez votre marché ...
- Dressez le profil de vos clients potentiels. ...
- Observez vos concurrents. ...
- Etablissez votre plan d'action. ...
- Testez, contrôlez et ajustez.

12.12 Quel est l'objectif d'un plan marketing ?
Objectif. La réalisation d'un plan marketing permet d'effectuer une analyse argumentée des moyens à mettre en œuvre. Ses propositions sont corroborées par une analyse à la fois synthétique et approfondie des contextes
interne et externe.

12.13 C'est quoi le marketing et communication ?
On appelle communication marketing toutes les techniques et les supports permettant d'adresser un message direct ou indirect aux consommateurs.

12.14 Quelle est la différence entre la vente et le marketing ?
Pour résumer, le marketing est constitué de toutes les actions qui conduisent un client potentiel (ou « prospect » dans le jargon marketing) jusqu'à l'endroit où la vente s'effectue, le moment où la vente intervient pour faire en sorte qu'il achète. En d'autres termes, la vente consiste convertir ce prospect en client.

13 COMMENT TROUVER DES SPONSORS POUR MON PROJET ?

Pour créer un partenariat avec une entreprise, il faut bien spécifier votre projet, vos offres, afin d'avoir un argumentaire le plus clair possible.

13.1 Documents
Gardez en tête qu'une entreprise n'a pas ou peu de temps à vous

consacrer. Vous devez donc être capable d'expliquer votre projet et ce que vous souhaitez de manière efficace. Si l'entreprise est intéressée, elle vous demandera de plus amples documents pour considérer votre proposition. Ainsi, votre dossier de sponsoring, vos contrats et factures vierges et tous les documents nécessaires à la mise en place d'un partenariat doivent être préparés méticuleusement.

13.2 Votre discours

En partant du dossier de sponsoring, définissez une manière d'expliquer votre projet et les avantages pour le sponsor s'il accepte de vous aider. L'idéal est de préparer une version courte (1 à 2 minutes) et une version longue plus détaillée (10/20 minutes). Vous pourrez ainsi adapter votre discours à la situation.

13.3 Vos objectifs...

Avant de vous lancer tête baissée dans la recherche de sponsors, vous devez être au clair avec ce que vous souhaitez de ces derniers. L'aide apportée peut être vraiment différente selon les besoins du projet : argent, matériel, échange de visibilité ou d'autres choses que vous jugez utile.

13.4 Votre cible

Une fois vos documents prêts avec des offres précises, vos objectifs définis, posez-vous la question de la cible : quel type d'entreprise aurait le plus intérêt à sponsoriser des projets comme le vôtre ?

Pensez aussi à définir une cible pour les personnes que vous allez viser : chef d'entreprise, responsable de la communication ou autre. Si le temps vous le permet, vous pouvez établir en amont un fichier des entreprises que vous allez contacter.

13.5 Restez méthodique et tenace

Pour démarcher les entreprises, vous avez le choix : via les réseaux sociaux, par email (ou courrier), par téléphone ou physiquement. Chaque méthode à ses avantages et inconvénients. Les réseaux sociaux peuvent être utiliser pour identifier les personnes que vous devez contacter (Linkedin) ou pour les contacter/interpeller (Facebook, Instagram, Twitter). L'email sert à entamer la discussion avec les entreprises et permet d'en contacter beaucoup en une seule fois. Le téléphone offre l'avantage d'un contact direct pour prendre rendez-vous ensuite. L'entretien physique offre la possibilité de creuser la discussion et de comprendre ce qu'en pense le décideur de l'entreprise. Ainsi, vous pourrez tirer des conclusions sur ce qui plait ou pas dans votre projet.

13.6 Démultipliez les chances

Pour trouver vos premiers sponsors, utilisez toutes les cordes à votre arc. Cela commence par votre réseau. Parmi vos amis, votre famille, il y a peut-être quelqu'un qui peut vous rapprocher d'un responsable d'une entreprise qui pourrait vous aider. Si vous avez construit une communauté sur les réseaux sociaux, vous pouvez éventuellement demander des contacts à vos followers !

13.7 La confiance

Un démarchage prend du temps et nécessite de contacter beaucoup d'entreprises. Ne vous découragez pas ! Si une entreprise ne vous répond pas pendant plusieurs semaines, cela n'est pas forcément un refus ! Prenez le temps de noter tous les avancements avec les entreprises, les remarques, les relances faites et toutes les autres informations utiles. Au bout de plusieurs semaines de travail, faites le point : quels sont les principaux retours ? Qu'est ce qui marche ou pas ? Vous pourrez ensuite réajuster votre cible (entreprises plus petites, plus ou moins locales, dans d'autres domaines...) et tester d'autres approches.

13.8 Conseils

Il faut savoir que les entreprises reçoivent de nombreux dossiers comme le vôtre. Pour augmenter vos chances de les séduire, sortez de l'ordinaire ! Ainsi, votre méthode de contact comme vos supports, sont des moyens de vous différencier. Par exemple, vous pouvez imaginer un dossier de sponsoring sous la forme de story, de vidéo, de journal de bord, de chansons ou d'une autre idée que vous trouvez pertinente !

14 COMMENT DISTRIBUER ÉFFICACEMENT UN PROJET MUSICAL ?

Pour promouvoir sa musique efficacement et vous faire connaître, il faut une stratégie, une méthodologie, et respecter les étapes.

Développer sa notoriété et développer des contacts prend du temps, il faut donc être patient. En tant qu'artiste, vous devez tout faire : composition, production, distribution, promotion, marketing, commercialisation, etc.

C'est pour cela qu'il est fortement conseillé de s'entourer de personnes compétentes pour gérer efficacement votre promotion musicale ou d'utiliser des outils efficaces comme MusicPrem, SubmitHub, Groover, PosteTaVente, Fiverr, 5euros et Musosoup.

Des plateformes dédiées à la promotion musicale, qui vous permet de contacter les meilleurs médias, radios, labels et pros de l'industrie musicale avec une garantie de réponse sous 7 jours.

14.1 PosteTaVente

La plateforme est accessible par tous et pour tous, peu importe le domaine de compétence et le niveau. Les possibilités sont infinies car votre inscription sur la plateforme vous permet de commander ou proposer vos services (feeds).

https://www.postetavente.com

14.2 MusicPrem

Vous êtes un artiste, vous avez besoin à des fins personnelles ou professionnelles de faire appel à un expert de l'industrie musicale. Nous mettons à votre disposition un outil simple et pratique.

https://www.musicprem.com

14.3 Groover

Est la plateforme web qui permet aux musiciens et leurs représentants d'envoyer facilement leur musique à des médias, radios, labels de leur choix, écoute et retours garantis !"

https://groover.co

14.4 Comeup (5euros)

Est une place de marché de microservices en ligne, à partir de 5€ (ou plus). Toutes les prestations proposées par les vendeurs sont dématérialisées, c'est-à-dire qu'elles ne nécessitent pas d'échange physique ou d'envoi postal.

https://comeup.com

14.5 SubmitHub

Est la plateforme web qui permet d'atteindre des blogs, chaînes Youtube et curateurs de playlist Spotify, parmi lesquels, certains des plus influents au monde. Si votre musique leur plaît, votre morceau ou album sera présenté sur leurs pages ou dans leurs playlists.

https://www.submithub.com

14.6 Fiverr

Est une place de marché en ligne pour les travailleurs indépendants du monde de la création artistique, notamment des musiciens, y proposent leurs services.

https://fr.fiverr.com

14.7 MusoSoup

Est une plateforme qui rassemble exclusivement des médias prêts à vous proposer diverses façons de couvrir votre sortie, il est très probable que le journaliste qui tombe sur votre prochain titre à venir vous propose d'écrire à ce sujet.

https://www.musosoup.com

15 COMMENT REALISER UN DOSSIER DE PRESSE ?

Votre dossier de presse doit être conçu comme un résumé de l'univers de la marque ou du produit et être très visuel. À l'image d'un trailer de film, il doit donner envie de consommer le produit ou le service évoqué. Il doit également être très storytellé pour accrocher le journaliste, on doit lui raconter une histoire.

15.1 Qu'est-ce qu'un dossier de presse ?

Un dossier de presse (ou kit de presse) est une présentation générale de votre entreprise. Il rassemble des informations pratiques, claires et concrètes qui seront utilisées pour la couverture médiatique. L'objectif est de vous faire connaître auprès des journalistes/ blogueurs en leur fournissant des données stratégiques et actuelles (histoire, statistiques, citations, etc.).

15.2 La différence entre un dossier de presse et un communiqué de presse

Un communiqué de presse est un document très court qui relate un fait précis et ponctuel. Il permet d'annoncer un événement, un lancement de produit, un changement stratégique, etc. Il est purement informatif et doit donc être le plus objectif et neutre possible.

Le dossier de presse, lui, présente votre entreprise de façon plus large et plus complète. Il est généralement long et sert d'outil de travail pour les journalistes. Ils l'utilisent notamment pour préparer une interview ou écrire un article sur votre entreprise. Les deux sont complémentaires mais bel et bien très différents.

15.3 À qui est destiné votre dossier de presse ?

Un dossier de presse n'est pas un élément publicitaire banal à diffuser à large échelle. Il s'agit d'informations pertinentes que vous mettez à disposition de personnes spécifiques pour qu'elles parlent de votre entreprise. Qui sont-elles ? Ce sont des journalistes, investisseurs, blogueurs ou de façon générale, toutes les personnes extérieures à votre société.

Lorsque vous diffusez votre dossier de presse, ciblez votre audience autant que possible. Les médias sont souvent très sollicités et votre document risque de finir à la poubelle s'il n'est pas adéquat. Par exemple, il ne sert à rien d'envoyer un document sur votre nouveau groupe de rock à un journaliste économique. Faites bien vos recherches au préalable pour avoir un maximum d'impact.

De plus, si vous avez un kit de presse en ligne (nous revenons sur ce point dans quelques instants), il sera très bénéfique pour votre référencement. En fournissant du contenu actuel, original et de qualité sur votre site, vous ravirez les robots de Google qui vous récompenseront en vous faisant remonter dans les pages de résultats.

Les entreprises ne sont pas les seules à créer des dossiers de presse. De nombreuses personnes dans le domaine artistique utilisent ce procédé pour se faire connaître. Dans le monde de la musique, ça s'appelle un EPK - pour kit de presse électronique. Quant aux photographes, ils s'en servent pour promouvoir leur travail efficacement et toucher un public professionnel.

15.4 Les différents formats d'un dossier de presse

Une étape importante consiste à vous assurer que les journalistes pourront trouver facilement votre document. Pour cela, vous pouvez envoyer un format papier par voie postale - comme au bon vieux temps. Ou bien, il existe une option plus économique et plus moderne : créer votre dossier de presse sur la Toile.

L'avantage d'un kit de presse en ligne est qu'il est disponible à tout moment et consultable par absolument tout le monde. En ajoutant une page "Presse" à votre site internet, vous centralisez toutes les informations sur votre entreprise au même endroit. Ainsi, les journalistes n'auront pas à aller chercher bien loin pour trouver du matériel de qualité vous concernant. Pour plus d'efficacité, ajoutez un fichier média qui résume votre page ? et que les journalistes pourront facilement télécharger et utiliser tel quel.

Quelle que soit la forme, le fond ne change pas. Passez au paragraphe suivant pour connaître les éléments à ajouter à votre dossier de presse.

15.5 Que doit contenir un dossier de presse ?

Les composantes d'un dossier de presse varient en fonction de l'activité. Voici généralement ce qu'il faut inclure - à vous de faire le tri selon vos besoins :

Une présentation de votre entreprise. Pour commencer, vous répondrez aux fameuses 5 questions fondamentales : Qui ? Quand ? Quoi ? Où ? Et pourquoi ? Toutes les entreprises ont une histoire et, puisque la tendance est au storytelling, il est temps de raconter la vôtre. C'est l'occasion de vous exprimer, de vous distinguer de vos concurrents en affichant votre énoncé de mission. Votre kit de presse vous permet aussi d'entrer dans les détails. Indiquez votre localisation, décrivez vos produits et/ou services, précisez le nombre d'employés, etc. Vous avez probablement beaucoup à dire, mais il est important que votre dossier de presse aille à l'essentiel. Pour que vos lecteurs aient envie d'écrire sur vous, ils doivent pouvoir trouver des informations pertinentes sans trop de difficultés.

Des données chiffrées. Donnez aux médias des chiffres sur votre business et sur vos clients. Choisissez des données actuelles, intéressantes et faciles à retenir : la croissance des ventes ou le nombre d'abonnés que vous avez sur les réseaux sociaux par exemple. C'est l'occasion de montrer à la presse que vous êtes déjà influent dans votre industrie.

Conseil de pro : vous pouvez présenter vos chiffres sous forme d'infographie pour les rendre plus agréables à lire.

Des citations. Insérer des citations permet à la presse de vous mentionner et de faire référence à votre entreprise très facilement. Ajoutez quelques phrases inspirantes à votre dossier. Elles doivent être courtes et personnelles. Si vous obtenez des citations de la direction, n'oubliez pas de préciser qu'elles ne pourront être utilisées qu'avec votre accord.

Une biographie. C'est l'endroit pour raconter le parcours de votre entreprise. Qui sont les créateurs, les membres de la direction, les employés, etc. ? Si vous êtes seul à bord, une courte biographie fera très bien l'affaire. Complétez votre page avec des photos pour permette à la presse de mettre des visages sur des noms.

Des liens vers vos pages de réseaux sociaux. Le dossier de presse en ligne est une excellente occasion d'ajouter des liens vers vos comptes Facebook, Instagram, Twitter & Co. Les journalistes pourront accéder à vos posts et les partager en un clic. Si vous utilisez un format hors-ligne, n'oubliez tout de même pas de mentionner votre communauté sur les réseaux sociaux.

Une description de vos produits et services. Votre dossier de presse n'est pas qu'un simple résumé de votre entreprise. Vous devez entrer un peu plus dans les détails. Donnez le maximum d'informations possible sur votre offre : prix (bien sûr), mais aussi taille, matériaux, conseils d'utilisation... Choisissez les propriétés que vous souhaitez mettre en avant et mentionnez la valeur ajoutée de vos produits ou services. Faites attention, cette section doit constamment être à jour. Si vous retirez un produit du marché, n'oubliez pas de le préciser sur votre kit de presse.

Conseil de pro : les médias adorent tester les produits. Si les vôtres s'y prêtent, proposez d'envoyer un échantillon gratuit.

Des images de bonne qualité. Vous devez savoir que la plupart des dossiers de presse ne sont pas lus ! Pour attirer l'attention des journalistes, vous allez devoir user de stratagèmes. Les photos et vidéos sont connues pour attirer l'attention. Ne vous privez pas. Sachez cependant que tous les médias que vous insérez doivent être d'une qualité irréprochable. En effet, ils seront largement réutilisés par la presse - et vous ne voulez pas qu'une photo pixelisée de vous fasse la une des journaux. N'utilisez donc que de la haute définition pour vos visuels.

16 QUEL EST LA DIFFÉRENCE ENTRE UN LABEL ET UNE MAISON DE DISQUE ?

Une maison de disques prend en charge la conception et la

fabrication des œuvres musicales, comme le pressage d'un album et sa distribution. Alors que les labels sont une marque de fabrique qui travaille autour d'une image et d'une identité musicale. Les deux accompagnent un musicien dans la gestion de ses productions.

16.1 Rôle maison de disque

- Mettre à disposition de l'artiste un budget pour développer son projet : séances studio, vidéo clip, promotion, concerts, etc.).
- Éditer : attention à ne pas confondre l'éditeur phonographique et l'éditeur graphique ! L'éditeur phonographique est chargé de l'exploitation du disque tandis que l'éditeur graphique va rechercher, signer et développer des auteurs-compositeurs. Il contrôle les diffusions et répartit les droits d'auteur. Son rôle principal est de chercher l'argent que la musique de l'artiste a généré.
- Distribuer les enregistrements des artistes soit en version digitale sur Spotify, Deezer ou Itunes ou bien

à la Fnac ou chez Cultura en CD. Les distributeurs s'occupent également de livrer en magasin et de gérer les stocks.

Il existe trois grands groupes de maisons de disque :
Universal Music Group, Sony Music Entertainment et Warner Music Group.

Une maison disque est subdivisée en plusieurs labels. Chaque label de cette maison de disque possède une équipe différente qui développe des artistes et des projets différents. Le label Hostile Records est consacré à la musique hip-hop et le RnB français. En gros, c'est une marque. Le label associe un artiste à une image. Chacun d'entre eux a sa propre identité. Leur rôle est de défendre le projet d'un artiste sur le marché, de l'aider à développer sa carrière, à gérer son image et à promouvoir ses albums.

16.2 Différents Contrats

- Le contrat d'enregistrement exclusif dit contrat d'artiste.
- Le contrat à 360° ou contrat à droits multiples.
- Le contrat d'édition

17 COMMENT SE FAIRE SIGNER EN MAISON DE DISQUE ?

Enregistrez une démo de qualité dans un studio d'enregistrement. Il doit être une compilation de votre projet artistique. C'est le travail que vous allez présenter en maison de disque, votre CV en quelques sortes.

Elle doit être représentative de votre musique et de bonne qualité, bien enregistrée.

- Ayez un projet musical fort et cohérent. Il est impossible de démarcher un label de musique sans savoir une approche professionnelle vis-à-vis de sa musique. ...
- Construisez une fan base et une présence solide. ...
- Mettez-vous à la place du label de musique. ...
- Sélectionnez vos cibles. ...
- Infiltrez le label. ...
- Envoyez votre musique.

17.1 C'est quoi le rôle d'un label ?

Régulièrement appelée « maison de disque », le label est chargé de produire, éditer et distribuer les enregistrements des artistes. Aussi, les artistes, chanteurs, musiciens souhaitant diffuser leur création font souvent appel à une maison de disques et concluent un contrat d'artiste avec un label de musique.

17.2 Pourquoi monter un label ?

Le label accélère le développement des projets musicaux imaginés par les artistes. Ces projets musicaux peuvent être le fruit du travail d'un seul artiste, ou de plusieurs artistes dans le cadre d'une œuvre de collaboration : sur ce point, attention aux droits d'auteur avec les œuvres de collaboration.

17.3 Comment créer son label de musique ?

La création d'un label musical respecte les différentes étapes pour la genèse de toute nouvelle entreprise. Il n'y a pas de forme particulière de société pour monter un label de musique. Toutefois, il s'agit d'un secteur particulier qui nécessite des compétences particulières.

En effet, un artiste, chanteur, musicien qui souhaite diffuser sa musique auprès du public devra faire appel à un producteur de maison de disques à la tête de son label de musique. L'artiste signe alors un contrat (dit “contrat d'artiste”) avec le producteur.

17.4 Créer son label en tant qu’association loi 1901

Grâce à ce statut vous pourrez rapidement gagner en crédibilité dans un premier temps, mais surtout
commencer votre activité légalement : production, diffusion, vente après les concerts, etc. Tout acte juridique est maintenant à votre portée et autorisée.

17.5 Comment gagner de l’argent avec un label ?

Il consiste à vendre sa musique en format physique et digitale, générer des revenus grâce au streaming et à la monétisation de contenu mais aussi par la vente de produits dérivés.

18 COMMENT DÉCLARER SES REVENUS ISSUS DE LA MUSIQUE ?

Ainsi, un artiste, auteur, compositeur, interprète qui fait des concerts et qui compte vendre lui-même sa propre musique sur son site web ou en Cd lors de ses concerts.

Devra se déclarer à l'URSSAF en tant qu'artiste auteur interprète pour déclarer ses revenus issus du droit d'auteur et des interprètes.

Devra se faire embaucher sous contrat pour déclarer l'argent issus de ses prestations d'interprètes. Ou devra ouvrir sa propre société ou entreprise individuel avec une licence d'entrepreneur du spectacle pour pouvoir déclarer ce type de revenus.

Devra ouvrir une société ou une entreprise individuelle. Auto-entrepreneur, EURL, SARL etc.... en tant que commerçant, pour pouvoir déclarer les revenus issus de l'action de vente. (Part réservée aux commerçants... ne pas inclure les revenus issus du droit d'auteur et des interprètes, des producteurs et des éditeurs)

De plus si ce même artiste est auto-produit et/ou producteur et/ou éditeur, il devra ouvrir une société ou une entreprise individuelle pour le rôle d'éditeur et une pour le rôle de producteur.

MAIS, il est possible d'assimiler une activité supplémentaire à une entreprise, si cette activité ne représente pas plus de la moitié du chiffre d'affaires et est considérée comme accessoire. (Par exemple la vente de produit merchandising et cd lors des concerts).

Ce qui veut dire, que cet artiste déclaré à l'URSSAF pour déclarer ses revenus issus du droit d'auteur et des interprètes, et salarié intermittent, pourra en plus :

- Créer une entreprise ayant pour activité principale celle de producteur de musique et en activité accessoire celle de commerçant des produits cd et merchandising. Et sera obligé de créer une autre entreprise pour son activité d'éditeur de musique.

OU alors

- Créer une entreprise ayant pour activité principale celle d'éditeur de musique et en activité accessoire celle de commerçant des produits cd et merchandising. Et sera obligé de créer une autre entreprise pour son activité de producteur.

OU alors

- Créer une entreprise par activité.

18.1 Quelle situation ?

Si vos sources de revenus sont composées de :

- Royalties (youtube, spotify, etc.), droits d'auteur, et donations
- Ventes de licence avec et sans intermédiaire (pour des projets musicaux, des publicités par exemple...)
- Concerts : même s'ils sont rares
- Ventes de musique (CD et numérique) et de partitions (Papier et numérique)

18.2 Des solutions !

Pour tout ce qui relève des royalties et droits d'auteurs, ce sont les BNC (bénéfices non commerciaux) : https://www.service-public.fr/professionnels-entreprises/vosdroits/F31984

Vous devrez déclarer ces revenus dans cette case. Attention toutefois, il existe des plafonds de revenus au delà desquels vous paierez plus d'impôts.

Pour les ventes de produits et services, souvent les statuts diffèrent. Parfois c'est une association des amis de l'artiste qui gère cela pour un auteur, parfois ce sont des statuts d'auto-entrepreneur, ou d'indépendant.

La plupart du temps il faut suivre ce genre de documents pour être dans les clous de

l'administration fiscale : https://www.impots.gouv.fr/portail/files/media/1_metier/1_particulier/EV/1_declarer/141_autres_revenus/eco-collabo-fiscal-vente-biens.pdf

Pour facturer des notes de droit d'auteur, les cotisations sociales, je vous renvoie vers ces liens techniques mais très utiles !

http://www.irma.asso.fr/La-note-de-droits-d-auteur

http://www.irma.asso.fr/La-facturation

À savoir, ce n'est pas spécifique aux artistes libres, bien entendu, mais cela répond, je pense, à la plupart des questions. En fait, tout dépend du plafond que vous allez dépasser (ou pas) sur ces revenus.

19 EST-CE OBLIGATOIRE DE S'INSCRIRE À LA MAISON DES ARTISTES ?

Pourquoi déclarer votre activité d'artiste-auteur ? La déclaration d'activité est obligatoire pour percevoir les rémunérations déclarées en bénéfices non commerciaux (BNC).

20 COMMENT PAYER L'URSSAF EN TANT QU'ARTISTE-AUTEUR ?

Le paiement des cotisations se fait directement en ligne dans votre espace personnel créé sur le portail artistes-auteurs.urssaf.fr. Cet accès au service de paiement est ouvert au moins 2 semaines avant chaque date d'exigibilité. Vous recevrez une information lors de l'ouverture de ce service.

20.1 Droits d'auteur d'un spectacle ?
Les droits d'auteur sont dus par le producteur du spectacle, c'est-à-dire le détenteur de l'autorisation d'exploiter l'œuvre. Cependant, dans le cadre de la délégation imparfaite de paiement, le producteur peut déléguer le paiement des droits d'auteur au diffuseur.

20.2 Quel taux d'imposition sur les droits d'auteur ?
Cas général

- Ventilation du calcul: Exemple
- Droits d'auteurs HT: 10 000€

- TVA (10 %): 1 000 €
- Droits d'auteurs TTC: 11 000 €
- TVA acquittée pour le compte de l'auteur auprès du Trésor public : 920 € [=1000- (10 000 x 0,8 %)].

20.3 Quelle TVA pour artiste auteur ?
Dans notre exemple, un taux normal de TVA de 20%, la déduction forfaitaire que nous allons retenir correspondra à des frais estimés à 4 % des recettes. Ici, 400 € de dépenses HT à 20 % et 10 000 € de recettes HT à 10 %. La déduction forfaitaire sera de (400 € x 20 % = 80 €) et les dépenses sont de 480 € TTC.

20.4 Quel statut pour l'auto Edition ?
Le statut le plus adapté aux auteurs en auto-édition est Micro-Entrepreneur. Il s'agit de la fusion du statut d'auto-entrepreneur, et de celui d'Entrepreneur Individuel (EI). La micro-entreprise est une structure juridique, associée à une activité, et redevable de l'impôt, ainsi que de cotisations sociales.

20.5 Comment est rémunéré un producteur de musique ?
Répartition des rémunérations entre producteurs phonographiques et artistes-interprètes.

S'agissant des albums produits par les producteurs indépendants dans le cadre d'un contrat d'exclusivité, l'analyse contractuelle montre que le taux de redevance moyen (avant abattement) s'élève à 10,4% pour l'exploitation physique, 14,3% pour le téléchargement, et 10,6% pour le streaming. Dans la majorité des cas, ces taux subissent des abattements qui s'élèvent par exemple à 34,4% en moyenne pour les ventes à l'export et à 26,2% pour les campagnes publicitaires sur le territoire français.

L'analyse financière, quant à elle, montre que le taux de marge des producteurs indépendants sur les nouveaux projets s'élève en moyenne à -18,3%. Les revenus des artistes (avances non recoupées et cachets compris) correspondent en moyenne à 13,3% de l'ensemble des revenus du producteur (aides comprises) ; et à 24,4

% du chiffre d'affaires issu de l'exploitation de l'album hors aides perçues, soit
respectivement 9,6% et 17,5% après prise en compte des frais généraux de l'artiste.
L'analyse financière, quant à elle, montre que le taux de marge des producteurs majors sur les nouveaux projets s'élève en moyenne à -41,4%. Les revenus des artistes (avances et cachets compris) correspondent en moyenne à 13,2% de l'ensemble des revenus du producteur
(aides comprises) ; et à 17,3% du chiffre d'affaires issu de l'exploitation de l'album hors aides perçues, soit respectivement 9,5% et 12,4% après prise en compte des frais généraux de l'artiste.

20.6 Embaucher un musicien, Ça veut dire quoi ?
Un musicien est en réalité un salarié comme un autre ; il est embauché pour chaque représentation sous forme d'un CDD particulier d'une journée. On parle de rémunération au cachet.

Même si c'est généralement l'artiste lui-même qui s'occupe de démarcher les contrats, négocier les tarifs et toute l'organisation autour de son spectacle, il n'a donc pas un statut d'indépendant. Il n'est pas possible pour le musicien directement de vous proposer une facture comme le ferait une entreprise. (À moins de passer un intermédiaire, comme vous le verrez dans la dernière partie de cet article.)

Lorsque vous organisez un événement, que vous soyez un particulier ou une entreprise, vous devez donc embaucher les musiciens à l'aide de contrats de travail. Vous avez également l'obligation de régler les cotisations sociales liées, et fournir un bulletin de salaire à votre ou vos
salarié(s). Heureusement nous allons voir que toutes ces démarches sont simplifiées grâce à un service public : le Guso.

20.7 Le GUSO, Qu'est-ce que c'est ?

Guso, ou Guichet Unique du Spectacle Occasionnel. Le Guso est un service géré par Pole Emploi (les mêmes qui

indemnisent les intermittents du spectacle pendant les périodes non travaillées), créé pour simplifier les démarches pour embaucher un artiste. Il est destiné aux employeurs occasionnels, c'est à dire aux employeurs dont le spectacle n'est pas l'activité principale. Dans cette catégorie, on retrouve aussi bien des entreprises privées ou publiques (restaurants, associations loi 1901, ...), mais également les particuliers. En plus d'être un service pratique, le Guso est obligatoire depuis 2004 ; en effet, vous avez obligation de déclarer les musiciens que vous embauchez. Autrement, on appelle ça du « travail au noir ».

Attention, le Guso ne concerne que le spectacle vivant ; il n'est pas possible de l'utiliser pour des heures d'enseignement ou un enregistrement studio, par exemple. En revanche, il n'est pas limité aux seuls musiciens ; tous les artistes (comédiens, jongleurs, ...) sont concernés, ainsi que les techniciens (régisseur, ingénieur du son, ...).

Grâce au Guso, vous pouvez embaucher un musicien (pour une soirée privée, par exemple) d'une manière beaucoup plus simple ; l'ensemble des démarches administratives est en effet regroupé dans une déclaration unique et simplifiée.

Inscription au Guso

Pour embaucher un musicien, vous devez tout d'abord adhérer au Guso. Pour cela, vous devez simplement vous rendre sur le site du Guso (www.guso.fr) et cliquer sur Je suis employeur, puis Adhésion.

Vous devrez fournir plusieurs informations, en fonction de votre type d'employeur (privé/public, ou particulier) :

- **Employeur particulier**

Numéro de sécurité sociale

Nom

Prénom

Adresse

Code postal

Téléphone

Adresse email

Date de naissance

Code postal et commune de naissance

✓ **Employeur privé / public**

N° SIRET (obligatoire, pensez à le demander si vous n'en avez pas encore)

Code NAF

Catégorie juridique

Raison sociale

Adresse

Code postal

Adresse email

Téléphone

20.8 Déclaration Préalable À l'Embauche (DPAE)

Lorsque votre adhésion au Guso aura été validée, vous recevrez des codes d'accès à votre espace personnel. C'est d'ici que vous pourrez gérer toutes les déclarations pour embaucher des musiciens.

La première étape est d'établir une DPAE : Déclaration Préalable À l'Embauche. Cette démarche est destinée à l'URSAFF, et peut être effectuée jusqu'à 2h avant le début du spectacle. Elle ne constitue pas un contrat de travail, mais vous permet d'être dans les règles en cas de contrôle. Elle est bien entendu obligatoire, sans quoi vous pouvez être soupçonnés de travail au noir.

Il vous sera demandé un code NAF (ou APE) ; si vous êtes un particulier, vous devez renseigner le code 9810Z.

20.9 Déclaration Unique et Simplifiée (DUS)

Une fois la DPAE établie, vous pouvez maintenant passer à la seconde étape : la DUS, ou Déclaration Unique et Simplifiée. Elle réunit et réalise à la fois tous les papiers normalement nécessaires lors de l'embauche d'un musicien : contrat de travail, déclarations de cotisations, DADS, attestation Pole Emploi et certificat de Congés Spectacles.

Ici, c'est le salaire brut que vous devez renseigner ; pensez bien à faire les calculs en amont (grâce aux outils du Guso) par rapport à votre budget global. Généralement, l'artiste que vous embauchez vous donnera lui-même les chiffres et options à renseigner, afin de vous faciliter la tâche.

Cette DUS doit être imprimée en 4 exemplaires : 2 sont destinées à l'artiste, 1 à l'employeur et la dernière est à envoyer au GUSO (sous 15 jours maximum après la représentation). Je conseille généralement de signer et renvoyer ces éléments avant le spectacle, afin d'éviter tout problème.

20.10 Le règlement des cotisations

Enfin, sous les 15 jours suivant la représentation, vous devez vous acquitter des cotisations sociales. Pour cela, vous pouvez soit envoyer un chèque au GUSO, soit régler par virement ou carte bancaire. Attention : si vous dépassez la limite des 15 jours, le Guso vous facturera des majorations !
Le règlement du musicien embauché se fait lui directement sur place après prestation (chèque ou virement).

20.11 Les alternatives au GUSO

- **Pourquoi une alternative ?**

Vous l'avez bien compris, je conseille de passer par le Guso dès lors que cela est possible ; les démarches sont simplifiées, et il n'y a aucun frais supplémentaire. C'est bénéfique pour les deux parties : vous payez moins cher, et l'artiste que vous embauchez est mieux rémunéré.

Il existe en revanche des cas où le recours au Guso n'est pas une possibilité ; certains codes NAF en sont par exemple exclus. Vous pouvez également préférer un système plus « classique » de facturation, pour des raisons personnelles.

Il y a également une dernière contrainte : l'utilisation du Guso sous cette forme est limité à 6 représentations / an. Au-delà, vous devez soit demander une license d'entrepreneur du spectacle, soit passer par une autre méthode pour embaucher des musiciens.

20.12 La boîte de production

L'intermittent du spectacle doit alors passer un intermédiaire : la boîte de production. Celle-ci va faire le lien entre vous (qui achetez une prestation), et l'artiste qui est un salarié. Cette fois, c'est la boîte de production qui devient l'employeur et se charge de toutes les déclarations administratives. Généralement, ces entreprises professionnelles ne passent pas par le Guso et font directement les déclarations pour chaque caisse sociale concernée.

La boîte de production s'occupent également du règlement des cotisations sociales, et de la paie de l'intermittent du spectacle.

De votre côté, vous signez avec cette boîte de production (et non plus avec l'artiste lui-même !) un contrat de cession. C'est un contrat un peu spécifique, qui encadre la vente d'un spectacle. Concrètement, vous « achetez » un spectacle à la boîte de production. Vous n'aurez alors plus qu'à vous acquitter d'une facture à l'issu de la représentation.

20.13 Coûts supplémentaires

Attention : ce système a un coût ! Qui dit intermédiaire dit bien entendu rémunération de l'intermédiaire. C'est tout à fait normal d'ailleurs, la gestion des paies et contrats de travail n'étant pas une mince affaire ! Généralement, une société intermédiaire prendra **10 % de frais** sur le montant HT de la prestation. À cela, il faudra également rajouter la **TVA**, facturée à 5,5% dans le milieu du spectacle.
Tous ces frais seront bien entendu répercutés sur votre facture ; ce n'est pas à l'intermittent du spectacle d'assurer cette charge. Pour passer par une boîte de production, comptez donc en moyenne **15 %** de budget supplémentaire.

Pour ma part, je précise toujours à mes clients les deux tarifs : celui par le Guso, et celui par une boîte de production. Chacun est ensuite libre de choisir ce qui lui convient au mieux.

Conclusion :

- Un musicien est un **intermittent du spectacle** ; il doit être embauché en tant que salarié, ce qui implique notamment un **contrat de travail**.
- Le Guso est un service simplifié permettant d'**embaucher facilement des musiciens**. Toutes les démarches se font en ligne, et vous pouvez vous faire guider pas à pas.
- Vous aurez 2 chèques (ou virements) à effectuer : un pour le Guso (les cotisations), et l'autre pour le musicien.
- Il y aura autant de déclarations Guso que de musiciens embauchés !
- Vous pouvez aussi passer par une **boîte de production**, avec un coût supplémentaire d'environ **15%**.

21 COMMENT CONTACTER UNE CHAINE TV & RADIO ?

Le 118 707 est un service de mise en relation téléphonique indépendant des marques. Les conditions tarifaires sont disponibles sur infosva.org et sur www.numero-118.fr. Derrière le nom France Télévision se cache la société qui gère la télévision publique en France.

Les chaînes de télévision et les radios ont la responsabilité du contenu des émissions qu'elles diffusent. Chacune décide librement des programmes qu'elle met à son antenne en fonction notamment des publics qu'elle souhaite toucher mais également des droits de diffusion qu'elle a acquis, dès lors qu'elle respecte les obligations qui s'imposent à elles en vertu de la loi. L'Autorité de régulation de la communication audiovisuelle et numérique (anciennement Conseil Supérieur de l'Audiovisuel) n'intervient pas dans leur programmation.

Pour exercer votre droit de réponse aux radios et télévisions vous pouvez vous adresser directement à la chaîne ou à la station concernée

(https://www.csa.fr/csaannuaire/operateurs_annuaire_accueil). Pour toutes autres questions et remarques liées au contenu d'une émission ou de sa programmation, vous pouvez contacter directement les services de relations avec les téléspectateurs et les auditeurs. Vous trouverez ci-après les coordonnées de ces services de médiation pour les principales chaînes nationales :

22 COMMENT ENTRER EN CONTACT AVEC UN JOURNALISTE ?

Donc la prise de contact par mail est aujourd'hui la plus courante et la plus pratique pour contacter un journaliste.

Elle vous permettra de communiquer votre actualité clairement et rapidement. Cependant certains journalistes préfèrent avoir un contact téléphonique.

23 LES RADIOS MUSICALES DE LA BANDE FM

- France Culture. ...
- France Musique. ...
- Fun Radio. ...
- Le Mouv' ...
- Nostalgie. ...
- NRJ. ...
- Radio Classique.
- RFM.
- Virgin Radio.
- Cherie Fm.
- Fip.
- Rire et Chansons.
- France Info

24 QUELS SONT LES DIFFÉENTS CONTARTS DANS L'INDUSTRIE MUSICAL ?

Le contrat d'artiste est également appelé contrat d'enregistrement exclusif.

Un contrat d'artiste de musique permet à un artiste de céder les droits d'exploitation et de propriété intellectuelle de sa musique et de son travail à un producteur.

24.1 Le contrat d'artiste

Ce type de contrat est aussi appelé contrat d'enregistrement exclusif. Il lie un artiste à producteur (en général un label) pour la réalisation et la commercialisation d'un enregistrement. Cela veut dire que le label finance l'enregistrement et en devient propriétaire. Le label assure ensuite toute la partie marketing et promotion du projet en question. Ce type de contrat, vous assure une visibilité et une diffusion bien plus élevée qu'en tant qu'artiste indépendant.

24.2 Le contrat d'édition

Les contrats d'édition portent sur les droits d'auteurs et concernent donc les auteurs-compositeurs d'un morceau et un éditeur. Le but de l'éditeur est de placer la musique dans un maximum d'œuvres audiovisuelles, de média, etc… À chaque utilisation du morceau, les auteurs, compositeurs et éditeurs touchent des droits. Chez Spinnup par exemple, on travaille aussi main dans la main avec Universal Music Publishing, le label d'édition de la maison.

24.3 Le contrat de distribution

De nos jours, certains artistes privilégient les contrats plus souples comme les contrats de distribution. Ce type de contrat permet à l'artiste de rester propriétaire de ses enregistrements. Le partenaire, qui peut être un label ou un distributeur, s'occupe alors uniquement de la distribution de la musique. Dans le cas d'un contrat de distribution améliorée, le partenaire va aussi prendre en charge la promotion et le marketing du projet (marketing digital, promo web, playlists, etc…)

24.4 Les licences

Il existe énormément de contrats de licence dans l'industrie musicale. Ici, on va parler de ceux que vous avez le plus de chance de rencontrer.

Le contrat de licence exclusive aide le label dans la commercialisation d'un projet. Il lie le label à un distributeur ou un éditeur. Le label arrive avec un projet enregistré finalisé et le partenaire va lui apporter les ressources nécessaires à la commercialisation. On retrouve notamment ce type de contrat pour des commercialisations à l'étranger, où le label n'a pas forcément l'expertise requise sur le marché visé.

On retrouve aussi les licences avec les covers. Ce sont des licences mécaniques qui donnent l'autorisation à un tiers d'interpréter le morceau d'un autre artiste.

Signer un contrat signifie souvent que votre partenaire investit et croit en vous. C'est souvent un deal gagnant – gagnant qui permet à votre partenaire et vous d'empocher de l'argent mais surtout qui vous offre de plus grandes possibilités.

24.5 Tout savoir sur les contrats de musique

Une fois un morceau de musique ou un album composé, un artiste doit réfléchir à la façon dont il veut le diffuser au public, en milliers voire parfois en millions d'exemplaires et pour cela conclure un contrat de musique.

Si la révolution numérique et le développement des réseaux sociaux apportent de nouveaux moyens de diffusion, la majorité des artistes continue à faire appel à des spécialistes pour commercialiser leur musique.

Une fois leur projet de création artistique achevé, ils concluent des contrats avec différents intervenants :

un producteur phonographique, une maison de disques, un label, une société de distribution, etc.Il existe donc plusieurs types de contrats d'engagement d'artiste et selon la nature des contrats, ceux-ci permettent aux artistes de fabriquer, diffuser et commercialiser les morceaux dont ils sont les auteurs ou les artistes interprètes. Ces contrats peuvent aussi bien opérer une cession de droits de propriété intellectuelle des titres ou seulement transmettre des droits d'utilisation de ceux-ci.

Avocats en droit de la musique, nous pouvons vous accompagner dans la rédaction de vos contrats de musique.

24.6 Les dix arnaques dans les contrats de la musique

C'est un secret pour personne : l'industrie musicale est un monde crue où se mêle l'appétit des grandes maisons de disques et les ambitions de jeunes artistes en quête de succès. Et parfois la situation est compromise dès le début de la relation entre un artiste et son label. Faisons le point sur les 10 arnaques dans les contrats de la musique.

24.7 L'avance

A la signature de son contrat l'artiste reçoit une avance : une somme d'argent versée en prévision des recettes à venir. Jusqu'ici aucun problème : l'artiste reçoit une bouffée d'oxygène libellée en euro après des années de travail dans le monde de la musique. Sauf que ce mécanisme peut s'avérer pervers lorsque que les recettes engrangées par la maison de disque ne suffisent pas à rembourser l'avance versée. L'artiste se trouve alors dans une situation délicate où il doit de l'argent à son label ! C'est le cas pour de nombreux

artistes : Tyga est ressorti "broke" de son contrat avec Birdman par exemple.

A partir de ce moment, la relation n'est pas censée s'améliorer. La confiance artiste/label va disparaître et la pression se fera ressentir pour sortir d'autres projets et rembourser l'avance. Mais qui dit nouveaux projets, dit nouveaux frais (studio, promotion) ce qui risque d'aggraver l'ardoise de l'artiste. On rentre alors dans un cercle vicieux dont l'issue ne sera pas à l'avantage de l'artiste. Et même, si label décide d'arrêter les frais et de casser le deal, l'artiste aura peut-être du mal à retrouver un nouveau label qui lui fera confiance.

Pour éviter ce genre de mésaventure, ne pas se fier au buzz d'un artiste. Certains artistes profitent d'une énorme hype, signent avec une grosse avance mais leur succès sur les réseaux ne se traduit pas dans les ventes, les followers ne se transforment pas en "vrais" fans et les problèmes arrivent…

24.8 Les frais cachés

Les deals signés entre artistes et labels prévoient une répartition des royalties. Cette répartition peut aller de 85% pour le label, 15% pour l'artiste dans le cas des contrats d'artiste, et jusqu'à 50-50 dans le cas des contrats de distribution. Sauf que les labels ont souvent l'habitude de mettre à la charge exclusive de l'artiste les frais d'enregistrement, de promotion et autres, ce qui diminue la part de l'artiste.

Faisons le calcul ! Un artiste vend 50 000 exemplaires pour son premier album et accroche le disque d'or au mur ! Il génère environ 400 000 € de recettes. Disons que l'artiste touche 20% des revenus, ce qui fait 80 000 € pour lui, moins les frais : – 3000 € de studio, – 2000 € pour les

instrumentaux, – 20 000 € pour 3 clips, – 20 000 € de promotion, – 50 000 € d'avance et il lui reste … 15 000 de dettes.

J'oublie les impôts, les charges, les frais d'avocat, la commission de son manager, etc.
C'est notamment à cause de ses nombreux frais cachés que Megan thee Stallion a récemment dénoncer sa situation contractuelle avec son label 1501 Entertainment. Future expliquait aussi qu'il "arrive régulièrement que les labels réclament des frais d'hôtel, de nourriture ou de transport relatifs [à votre] deuxième album, alors que vous en êtes au cinquième".

Le constat fait froid dans le dos ! Mais on se rassure, les artistes gagnent aujourd'hui essentiellement leur vie grâce aux concerts, showcases, vente de merchandising et autres ce qui contrebalance les pertes et peut faire passer le solde dans le positif.

24.9 Être mineur

Bon nombre de jeunes talents ont commencé très tôt leur carrière et ont signé avant leur 18 ans (Justin Bieber, Ninho...). Cependant, avant sa majorité, la signature de l'artiste doit obligatoirement être accompagnée de celle de ses parents, à défaut le contrat est nul. La loi protège ainsi les mineurs afin qu'ils ne signent pas sans réfléchir des contrats toxiques. En 2017, en pleine explosion du phénomène Lil Pump, ce dernier cherche à sortir d'un deal qu'il avait signé à ses 16 ans. Ses avocats parviendront à casser le deal, lui permettant de faire monter les enchères et de resigner avec le même label (Warner Bros records) pour un pactole (ie. Une avance) de 8 millions de dollars.

24.10 Durée du contrat et levée d'option

Par la clause de levée d'option, la maison de disque se réserve le droit de renouveler le contrat (l'artiste ayant accepté au préalable cette éventualité). Le label peut ainsi maîtriser le risque lié à la signature d'un artiste. Si le projet marche bien, il lève la clause pour faire un second projet. Mais si les choses tournent mal, le label ne veut pas se retrouver les mains liées pour plusieurs projets et peut

refuser de lever la clause (on arrête les frais !). Après tout, quand un label signe un artiste, il souhaite rentabiliser au maximum son investissement, surtout que les retombées économiques peuvent arriver en différé le temps que l'artiste acquiert de la notoriété.

Mais attention, en cas de levée d'option, c'est le même contrat qui perdure avec les mêmes conditions. Il est donc important de bien négocier le contrat dès la première fois (même si l'artiste n'est pas forcément en position de force), car il n'obtiendra pas plus (de royalties, de libertés...) en cas de levée d'option. Sinon l'artiste doit tenter d'insérer une clause prévoyant la renégociation du contrat en cas de levée d'option.

En outre, les contrats doivent obligatoirement prévoir une durée maximale et l'artiste ne devrait pas s'engager pour plus de 3 projets ou une période maximale de 3-4 ans.

24.11 Les échéances de paiement

Le système français de versement des royalties par la SACEM n'intervient seulement que 2 fois par an (mais la remarque vaut aussi pour la plupart des contrats américains). Sans être vraiment un piège, il faut savoir avant de signer qu'un artiste ne percevra les fruits de son travail que tous les
6 mois. Attention donc à ne pas griller trop vite ses économies notamment, lorsque l'on connaît les nombreux domaines de perdition des artistes… En revanche, les rentrées d'argent liées aux concerts (et autres sources de revenus) peuvent être plus fréquentes.

24.12 Les masters : le nerf de la guerre
Les droits de mastering concernent les droits sur la version finale du morceau enregistré. Il s'agit d'un élément crucial, car ces droits permettent de toucher les royalties issues de l'exploitation du morceau et de contrôler le catalogue musical de l'artiste (avec la possibilité de vendre ou de mettre sous licence le catalogue). Le label s'assure la propriété des masters en proposant une avance aux artistes.

La plupart des artistes ont ainsi accepté de céder leurs droits de mastering, mais ils sont aujourd'hui de plus en plus nombreux (de Taylor Swift à 2Chainz) à dénoncer ce système et tentent de regagner le contrôle de leurs oeuvres. C'est une question majeure d'indépendance économique et créative ! Pour l'anecdote, Prince avait refusé une collab au rappeur Nas, car il n'était pas propriétaire de ses masters. Prince ne voulait pas perdre son droit de mastering en cas de

featuring.

Certains artistes, en évoluant dans leur carrière, peuvent obtenir l'influence nécessaire pour racheter leurs masters et devenir propriétaire de leur catalogue. C'est le cas du producteur californien DJ Mustard qui est désormais à la tête de son propre label 10 Summers records qui compte en son sein Ella Mai. Mais s'il n'est pas possible d'obtenir le contrôle de ses masters pour un jeune artiste, il doit au moins essayer de négocier une plus grande part des royalties ou bien la possibilité de racheter/récupérer ses masters au bout d'un certain temps d'exploitation.

24.13 Le 360 Deal

Le contrat 360 consiste à exploiter l'ensemble des sources de revenu de l'artiste. En plus de produire la musique, le label va s'occuper des concerts, du merchandising, des

contrats publicitaires et prendre à chaque fois un pourcentage des revenus. Ce contrat peut avoir l'avantage de multiplier les revenus de l'artiste sans effort de sa part. Tout lui est servi sur un plateau par son label.

Sauf qu'il n'est jamais bon de mettre tous ses oeufs dans le même panier et de dépendre totalement de son label. L'artiste perd toute indépendance et le label prend (le plus souvent) une commission beaucoup plus grande que si l'artiste avait fait appel à un tourneur pour ses concerts, à un agent pour sa marque, etc. Bref, le 360 deal est souvent décrié comme un moyen d'exploiter au maximum un artiste/salarié à tout niveau, avant sa date de péremption.

24.14 Le contrat de management

Pour avoir plus de contrôle sur la carrière d'un artiste, le label peut glisser un contrat de management dans un contrat d'enregistrement. Le label pourra ainsi définir la direction artistique et le management de l'artiste. Même si certaines personnes comme Oumar Samaké peuvent remplir à merveille cette double casquette producteur/manager (pour Dosseh, Dinos), le constat est le même que pour le 360 deal : il n'est jamais bon de mettre tous ses œufs dans le même panier…

En effet, l'artiste a tout intérêt d'avoir un manager extérieur au label qui puisse le conseiller au mieux de ses intérêts (qui seront parfois divergents de ceux du label), le représenter et négocier auprès du label. Autrement, l'avis d'un artiste en début de carrière risque de peu compter face au poids d'une major de l'industrie du disque.

24.15 Garder la propriété de son nom d'artiste

Il arrive que le label détienne les droits sur le nom de l'artiste ou du groupe de musique. C'est notamment le cas pour des boys band ou des groupes montés par les labels.

Mais sans la propriété de son nom, les chances d'émancipation de l'artiste ou du groupe sont très faibles. Leur carrière est entre les mains du label et la seule solution pour s'émanciper est de changer de nom (au risque de perdre une partie de sa fan base) ou de racheter les droits sur son nom (peine perdue !).

Mathew Knowles, le père de Beyoncé, est resté propriétaire exclusif du nom "Destiny's Child" dont il était manager. On parle aujourd'hui beaucoup d'un retour du groupe, mais il est toujours impossible pour les Destiny's Child de se reformer et de partir en tournée avec leur nom d'origine sans l'accord de Mathew Knowles. Certes, elles peuvent remplacer leur nom de groupe par leur nom propre (Beyoncé, Kelly Rowland et Michelle Williams) mais l'impact médiatique et marketing sera indéniablement moins fort!

24.16 Maîtriser sa carrière, son emploi du temps, son contrôle

artistique
Lorsqu'un artiste signe avec un label, certaines obligations peuvent aller très loin dans le contrôle de la direction artistique et managériale de l'artiste. Parmi les contraintes souvent dénoncées par les artistes : l'interdiction (ou l'autorisation du label) pour monter sur scène avec d'autres artistes ou faire des featurings. À une période, les artistes signés chez Cash Money Records (Lil Wayne, Nicki Minaj, Drake) ne pouvaient pas prendre l'avion sans Birdman le patron du label.

Autre gros point de friction : l'autorisation du label pour sortir des nouveautés. Beaucoup d'artistes (Lil Uzi Vert, Megan Thee Stallion...) se sont plaints de ne pas pouvoir "release" de nouveaux morceaux quand il le souhaite, créant la frustration chez eux et leurs fans et de fortes tensions avec leur label. Troisième problème : l'obligation de faire une tonne d'interviews. Ce marathon médiatique peut parfois être épuisant notamment lorsque les artistes sont en tournée. C'est la raison pour laquelle vous voyez si souvent des artistes blasés en interview ne faisant aucun effort pour répondre aux questions du journaliste.

24.17 Management et carrière
Trouver un manageur ? Gérer la carrière d'une artiste ? Conseiller et défendre un groupe ! Cet intermédiaire

professionnel entre les artistes et les différents acteurs de l'industrie musicale est un véritable couteau suisse !

25 ORGANISER UN CONCERT !

- Définir son public cible.
- Trouver le lieu parfait.
- S'assurer d'être en règle.
- Accueillir artistes et prestataires.
- Le Jour-J.
- Après le concert.
- Communiquer tout le long.

26 COMMENT ORGANISER SA PROPRE TOURNEE ?

- Convenez d'une période raisonnable et précise. ...
- Montez votre structure. ...
- Partagez le tour et l'organisation avec un autre groupe. ...
- Répartissez les tâches entre les membres du groupe. ...
- Préparez un bel emailing. ...
- Analysez les retours de votre campagne d'emailing.

27 COMMENT PRENDRE CONTACT AVEC DES ARTISTES ?

Le courriel est la meilleure façon de joindre les représentants d'une célébrité. La plupart des affaires avec des personnes célèbres sont conclues par ce biais.

C'est le mode de contact préféré des représentants de star et il permet de garder une trace écrite des discussions. Souhaitez-vous rencontrer ou contacter votre chanteuse préférée, votre acteur favori, ou bien une star de cinéma pour lui exprimer votre admiration et (ou) obtenir un autographe que vous ajouterez à votre collection ? Cela peut s’avérer difficile, car les célébrités ont un emploi du temps chargé. De plus, elles souhaitent généralement préserver leur intimité. Cependant, en menant quelques recherches et avec un peu de travail, il est tout à fait possible d’entrer en contact avec des personnes célèbres. Pour cela, vous pouvez notamment utiliser Internet, le courrier habituel ou passer par les agents de vos stars préférées.

28 COMMENT FAIRE VENIR UN ARTISTE ETRANGER EN FRANCE ?

Pour un court séjour, il convient de vérifier si l'artiste a besoin d'un visa pour venir en France. Cela dépend de sa nationalité, de la durée et du type de son séjour. Si le séjour prévu est supérieur à 90 jours par période de 180 jours, un visa de long séjour sera nécessaire au ressortissant non européen.

29 OU ET COMMENT ACHETER DES INSTRUMENTALES NON-EXCLUSIVES ?

Le meilleur endroit pour trouver des instrus non-exclusives est sur YouTube.

Il y a beaucoup de choix et en général vous trouverez un lien d'achat dans la description de chaque vidéo d'instrumentale.

29.1 Les instrus exclusives

Les instrus exclusives sont différentes des non-exclusives car cette fois-ci vous en serez le seul utilisateur. Une fois votre achat effectué, l'instrumentale disparaît et n'est plus disponible à la vente.

Elles sont aussi accompagnées le plus souvent d'un contrat de licence exclusif ou licence exclusive. Contrairement aux licences non exclusives, en général, les droits d'utilisation sont illimités.

Au niveau des tarifs, les premiers prix commencent autour de 100 euros. Mais ça peut être 10 fois plus cher si vous achetez une instru à compositeur reconnu.

29.2 Instrumentale exclusive ou non-exclusive, quel est le meilleur choix ?

Le choix dépendra de votre budget et de vos projets musicaux. Si la musique pour vous est juste une passion le week-end, il est préférable de se tourner vers les instrus non-exclusives.

Par contre, si vous souhaitez faire un album plus sérieux et le proposer à des labels ou maisons de disques, il sera plus judicieux d'acheter des instrus exclusives.

Vous avez maintenant toutes les cartes en main pour savoir comment acheter des instrumentales en ligne.

30 CONSEILS POUR UN BON STUDIO D'ENREGISTREMENT A LA MAISON

- Une interface audio (carte son)
- Un logiciel de MAO (Logic Pro X, Pro Tools, Ableton...)
- Des enceintes de monitoring professionnelles.
- 1 à 3 microphones.
- Un filtre anti-pop.
- Un pied de micro.
- Des écouteurs ou un casque de monitoring de qualité

30.1 Où installer son home studio ?

Le lieu n'a pas vraiment d'importance, tant que vous vous y sentez inspiré et prêt à enregistrer. Vous pouvez choisir une chambre ou encore une pièce en sous-sol.

Vous devrez tout de même veiller à ce qu'il n'y ait pas trop de bruit extérieur ou d'interférence avec d'autres appareils électroniques. En cas de doute, vous pourrez toujours installer des mousses acoustiques qui conviennent à toutes les configurations. Les mousses acoustiques présentent de nombreux avantages et vous permettront non seulement de vous prémunir contre les nuisances extérieures, mais elles protégeront également les oreilles de vos proches et de vos voisins et vous permettront d'obtenir un son de haute qualité !

30.2 Comment choisir le bon ordinateur ?

Évidemment, tout dépend de votre budget. Vous pouvez utiliser un ordinateur que vous avez déjà ou bien en acheter un plus à la pointe de la technologie qui sera entièrement dédié à la composition musicale. Quelle que soit votre décision, la plupart des ordinateurs d'aujourd'hui conviennent et il sera toujours temps d'investir ultérieurement dans un ordinateur plus performant. L'essentiel, c'est d'établir d'abord les bases et d'investir au fur et à mesure dans du matériel plus coûteux.

30.3 L'interface audio/carte son

L'interface audio/carte son joue le rôle d'intermédiaire entre les sons qui vont dans l'ordinateur et les sons que vous entendez. Vous trouverez toutes sortes de possibilités tout à fait abordables en la matière. N'oubliez pas : une interface audio basique fera parfaitement l'affaire !

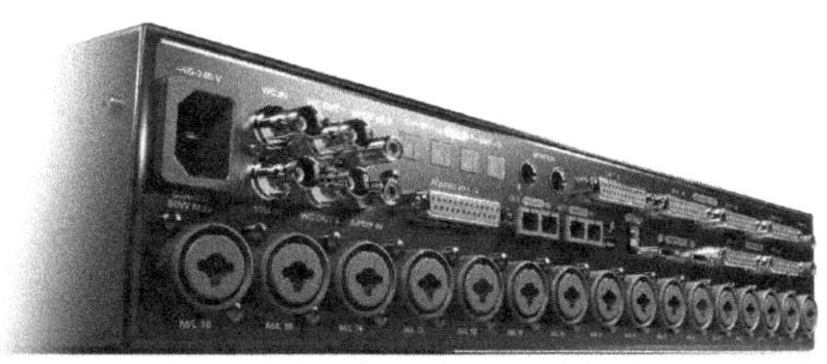

Vous trouverez des tas de renseignements sur tous les micros possibles pour les différents instruments, sons et effets. Mais le plus simple pour commencer est de choisir un micro multifonction qui sera polyvalent – vous pourrez ainsi l'utiliser sur plusieurs instruments différents. Là où vous
devrez être plus vigilant, c'est dans le choix du micro que vous utiliserez pour enregistrer les voix.

30.4 Le logiciel d'enregistrement

Le logiciel d'enregistrement (ou DAW ou encore logiciel de MAO) est un choix très personnel suivant la façon dont vous abordez la composition. Il est préférable de commencer par en tester quelques-uns.

Il existe aussi des versions d'essai et des versions gratuites comme Logic Pro X ou Ableton Live qui vous permettront de tester le fonctionnement et l'interface pour voir ce que vous préférez. Si vous hésitez encore, lisez notre article sur « Les meilleurs logiciels de composition musicale gratuits » pour faire votre choix.

30.5 Les enceintes

Même si on utilise désormais beaucoup le casque pour enregistrer sa musique en studio, traditionnellement, le mixage s'est toujours fait à l'aide d'enceintes. Les enceintes de monitoring donnent une réponse en fréquence plus plate que les enceintes grand public, pour un son plus neutre, ce qui permet d'avoir un jugement plus objectif sur le mixage. Bien qu'onéreuses, il est important d'investir dans de bonnes enceintes et vous pourrez en trouver certaines en

ligne faciles d'utilisation et à un prix abordable, même pour débutants.

30.6 Écouteurs, câbles et stands

Il est important d'être bien installé et ces équipements anodins au premier abord peuvent faire toute la différence. Ne lésinez pas sur la qualité des écouteurs. C'est un facteur important pour obtenir un son professionnel. Les stands et les câbles sont eux aussi des éléments indispensables du studio. Vous en trouverez de bonne qualité à peu de frais.

En conclusion, il est tout à fait possible de s'équiper sans se ruiner. L'important est de pouvoir enregistrer toutes vos idées géniales.

Alors quels que soient vos moyens, vous pourrez vous équiper et plonger dans la composition musicale. Après, il sera toujours temps d'ajouter à votre installation et de perfectionner vos équipements.

31 COMMENT CHOISIR LE BON STUDIO D'ENREGISTREMENT POUR SON PROJET MUSICAL ?

- Budget studio. ...
- Localisation du studio d'enregistrement. ...
- Son et équipement. ...
- L'ingénieur du son. ...
- Temps à prévoir pour enregistrer en studio. ...
- Faire du repérage. ...
- Réputation du studio d'enregistrement. ...
- RekYou – La plateforme de production musicale.

31.1 Crée-toi un budget

Tout d'abord, il est nécessaire que tu établisses ton budget. Les prix des studios d'enregistrement varient en fonction de leur localisation, de leurs références et des services qu'ils proposent (enregistrement, mixage, mastering, etc.). Il ne tient qu'à toi d'estimer le budget nécessaire à la réalisation de ton projet pour être sûr de choisir le bon studio d'enregistrement correspondant à tes besoins.

31.2 Définis ton style musical et vérifie que le studio d'enregistrement a le même que le tien.

Les studios d'enregistrement, ou du moins les ingénieurs du son qui y travaillent, ont souvent tendance à avoir un style de musique de prédilection. C'est pour cela que définir ton propre style musical au préalable t'aidera à choisir le bon studio d'enregistrement. Écoute les enregistrements de tes artistes préférés et essaie de déterminer ce que tu aimes dans l'enregistrement lui-meme. Compare ensuite avec les studios d'enregistrement que tu envisages.

Si tu n'es pas familier avec les bases de l'enregistrement et de la production, n'hésite pas à demander l'aide d'un ami ou de

professionnels.

31.3 Demande les références du studio d'enregistrement

Il est aussi toujours bon de connaître les références du studio d'enregistrement avec lequel tu vas travailler. Vois ce choix comme partie intégrante d'une stratégie marketing. Par exemple, le Studio 787 disponible sur RekYou a travaillé avec des artistes tels que Kery James, MHD ou encore Lacrim. Le fait d'avoir le nom d'un studio d'enregistrement reconnu sur ton projet peut lui conférer une certaine validité auprès de professionnels de l'industrie qui pourraient autrement l'ignorer. Cela vaut certainement la peine d'essayer !

31.4 Essaie plusieurs studios d'enregistrement pour trouver le perfect fit

Finalement, rien n'est définitif. Trouver le bon studio d'enregistrement, c'est comme trouver son restaurant préféré.

Il ne faut pas avoir peur d'en essayer plusieurs ! Le but est de trouver un lieu où tu te sens à l'aise pour laisser cours à ta créativité, un lieu qui rentre dans ton budget, où tu match bien avec l'ingénieur son et dont tu aimes les rendus.

31.5 Les étapes pour écrire une chanson

Voici une méthode qui vous aidera à faire passer votre message. Bien sûr, ce n'est qu'une approche, mais elle est utilisée par de nombreux professionnels !

1. Créez une phrase de 1 à 6 mots qui résume le thème de votre chanson. Essayez d'utiliser une image ou un verbe d'action pour donner vie à votre titre.

2. Faites une liste de questions en rapport avec le titre

Commencez par comprendre la signification de votre titre, et ce que vos auditeurs aimeraient comprendre.

Faites une liste avec les questions suivantes : que signifie le titre ? Qu'en pensez-vous ? Pourquoi l'avez-vous choisi ?

Qu'attendez-vous qu'il se passe ensuite ?

3. Choisissez la structure de votre chanson

La structure la plus courante est : couplet / refrain / couplet / refrain / pont / refrain.

Plusieurs nouvelles chansons ont des parties appelées « pré-refrain » entre le couplet et le refrain pour créer une anticipation.

4. Répondez à une question dans le refrain et à une autre dans chaque couplet

Choisissez la question à laquelle vous voulez répondre dans votre refrain.

Pensez à des images et des verbes d'action pour illustrer vos réponses.

Quelles émotions décrivez-vous ? Quels effets produisent-elles sur vous ? Sont-ils chauds ou froids ? Positifs ou négatifs ? Si vous pensez que c'est trop poétique, rajoutez quelques paroles dans le refrain pour que vos auditeurs suivent le fil de vos idées.

5. Trouvez une mélodie à vos paroles

Choisissez les meilleures paroles pour votre refrain. Dites-les à voix haute. Maintenant, répétez-les avec beaucoup d'émotions, quitte à les exagérer.

Identifiez le rythme et la mélodie de votre voix lorsque vous lisez votre texte avec beaucoup d'énergie. C'est le début de la mélodie de votre refrain.

Exercez-vous jusqu'à ce que ça devienne fluide.

32 LES ARTISTES ET LE MERCHANDISING

Avant, le merchandising d'un artiste se constituait essentiellement d'un T-shirt ou d'un poster du chanteur autrement dit des articles simples et produits en masse pour les sortir rapidement à chaque tournée. Mais ça, c'était avant.

La façon dont le merchandising est créé, communiqué, vendu et livré aux consommateurs a beaucoup évolué au cours de la dernière décennie : il est temps de faire un point.

Vivre de sa musique en tant qu'artiste signifie trouver des sources de revenus aussi variées que lucratives : vendre des albums, faire des concerts, mettre en place des partenariats, ou encore vendre des produits dérivés. C'est ce qu'on appelle le

"merchandising".

Voici 3 innovations à prendre en compte pour la création et la mise en vente de votre propre merchandising.

32.1 Le merchandising eco-friendly

Dû à sa dépendance au plastique, au vinyle et au coton, le secteur du merchandising n'est pas particulièrement respectueux de l'environnement. Cependant, des mesures sont prises pour y remédier. Les gens se soucient de plus en plus de l'environnement, et l'industrie doit évoluer dans ce sens.

Les groupes ont commencé à faire un effort pour que leurs articles soient plus respectueux de l'environnement. Radiohead, par exemple, a vendu un sac à dos fabriqué à partir de 40 bouteilles en plastique recyclées. Prenez exemple sur ce groupe et veillez à respecter l'environnement ! D'autant que de plus en plus de consommateurs se soucient de l'écologie, ce qui fait de moins en moins d'acheteurs de produits peu ou pas écologiques.

Le merchandising d'un artiste, ce sont les produits dérivés créés par l'artiste et son équipe de management. Ils sont à l'effigie de l'artiste, d'un de ses albums ou singles, de son logo ou autre, et sont le plus souvent vendus sur internet et lors des concerts et tournées.

32.2 Le merchandising fait office de promotion supplémentaire.

Lorsque vos fans achètent vos produits dérivés, ils les portent et/ou les utilisent. Vous serez donc exposé à tous les proches de vos fans et tous ceux qui croisent leurs chemin le jour où il portera l'un des pulls de votre collection par
exemple ! Votre visibilité sera ainsi décuplée. C'est une manière simple, rapide et efficace de faire la promotion de votre musique et d'éveiller la curiosité de ceux qui ne connaissent pas encore vos titres, ou même vous.

32.3 Le merchandising fait partie de votre identité visuelle.

Le merchandising vous permet d'installer votre identité visuelle en l'apposant à des produits dérivés. Sur votre "merch" pourra ainsi apparaître votre logo, une photo de vous ou de votre album, le titre de votre EP ou d'une chanson, etc. ATTENTION : tout compte, des couleurs choisies, à la qualité de l'image jusqu'à la typographie et texte utilisés.

Vos produits doivent impérativement vous correspondre et vous ressembler !

32.4 Le merchandising permet de créer un lien fort avec vos fans.

Lorsque vous créez du merchandising, il est pensé, créé et fabriqué pour vos fans. Ce sont eux qui l'utiliseront de manière quotidienne et qui le choisiront. Vous le créez donc en pensant aux thématiques visuelles de votre musique, mais aussi en fonction du style qui plait à vos fans. En fonction de l'âge de vos fans ou de votre cible, vous n'allez pas créer les mêmes produits !

Ils doivent aussi être des produits que vous pourriez vous même mettre ou utiliser. En effet, vos fans auront plus tendance à utiliser des produits que vous portez/utilisez pour copier vos habitudes de consommation. Et puis, ça tombe sous le sens : si vous-même n'êtes pas convaincu par votre propre merchandising, pourquoi vos fans le seraient-ils ?

Soyez également soucieux de la qualité des produits, pour que même ceux qui ne sont pas vos fans puissent avoir envie de les acheter et/ou utiliser. Cela pourrait, dans le meilleur des cas, les amener à s'intéresser à votre musique et pourquoi pas faire un jour partie de votre fanbase !

32.5 Bonus : le merchandising est une source de revenus supplémentaire

Eh oui ! La marge que vous pouvez toucher sur ce genre de produits est importante car ce sont des produits qui sont très peu chers à produire et que vous pouvez vendre à des prix importants ! Tout en restant abordables bien sûr, pour que vos fans les achètent sans hésiter.

Créer et vendre des produits dérivés peut donc être une très bonne idée pour à la fois mettre en valeur votre identité visuelle, mais aussi promouvoir votre musique ! Vous avez tout à gagner !

33 VOS PHOTOS D'ARTISTE

33.1 Astuces & Conseils

On vous parlait déjà des photos dans cet article. Pour résumer, vos photos sont la vitrine de votre projet musical.

On vous l'a dit : il faut qu'elles soient représentatives de votre univers musical et surtout de très bonne qualité !

Vous vous demandez maintenant comment choisir la bonne personne pour réaliser votre shooting d'artiste professionnel ? Dans cet article découvrez nos conseils pour réussir vos photos !

33.2 Choisissez un professionnel

Gagnez du temps et de l'argent en confiant vos photographies à un spécialiste dans ce domaine. Un professionnel donc, qui a de l'expérience, et qui est reconnu dans le milieu de la photographie.

Travailler avec un photographe amateur n'est pas une bonne solution : la qualité n'est pas garantie et les conditions ne sont pas forcément propices à vous mettre à l'aise. Vous risquez de devoir refaire des nouvelles photos et donc de perdre de l'argent.

Avec Hedayat Music, vous aurez la chance de travailler avec Franck Glenisson. Ce photographe de talent a reçu de nombreuses récompenses pour son travail. Il réalise également des couvertures pour des magazines de mode tels que : L'Officiel Singapore, Out Magazine, Tatler etc.

34 COMMENT REUSSIR UNE INTERVIEW

- Adaptez votre message à votre univers. ...
- Gardez votre calme. ...
- N'en faites pas trop. ...
- Venez nombreux. ...
- Soyez exigeant. ...
- L'interview « sortie de scène » ...
- Soyez professionnel.

Ça y est, vous commencez à faire le buzz et vous avez décroché votre première interview. Comme c'est la première fois, et que vous n'êtes pas (encore) habitué à ce genre d'exercice, voici quelques conseils simples à suivre pour mettre toutes les chances de votre côté.

34.1 Adaptez votre message à votre univers

Quels que soient la configuration de votre projet (solo, duo, groupe) et son style musical, vous développez naturellement une certaine esthétique artistique, un « univers », que votre interviewer va chercher à cerner pour pouvoir l'expliquer. Prenez le temps d'y réfléchir en amont pour vous préparer quelques mots et phrases marquantes, vos « éléments de langage » comme disent les politiques. Vous trouverez aussi l'inspiration en consultant les interviews des artistes qui vous influencent.

34.2 Gardez votre calme

Une interview est avant tout une conversation, et si vous ressentez de la nervosité, il est fort probable que vous la transmettrez à votre interlocuteur.

Pour vous obliger à aller au fond du sujet, les journalistes ménagent souvent de longs silences volontaires, qui peuvent s'avérer un peu embarrassants quand on ne s'y attend pas. Dans ce cas ne vous précipitez pas, prenez le temps nécessaire pour répondre. Vous pouvez même poser quelques questions à votre tour pour transformer cet exercice un peu figé en un dialogue plus détendu et authentique.

34.3 N'en faites pas trop

Le public a souvent de la sympathie pour les personnages qui se la jouent rockstar gentiment excentriques. Ca fait partie du mythe et vous pouvez en user un peu durant l'entretien, mais tâchez de rester tout de même fidèle aux valeurs supposées de votre fanbase. Si vous sentez que vous avez franchi une ligne jaune, pas de panique : vous pouvez demander au journaliste de garder certains de vos propos en « off ».

34.4 Venez nombreux

Vous êtes un groupe ? Prouvez-le : venez nombreux, et si l'interview est filmée soignez votre image en adoptant une tenue vestimentaire cohérente. Si certains sont plus à l'aise pour prendre la parole, décidez à l'avance des rôles pour que l'entretien se déroule dans la bonne humeur et avec fluidité.

34.5 Soyez exigeant

Vous avez parfaitement le droit (et même le devoir) de refuser une interview si le media n'est pas conforme à vos valeurs et à l'image que vous souhaitez donner de votre projet. Prenez le temps de vous renseigner avant d'accepter, ça vous évitera des mauvaises surprises.

En revanche, ne négligez pas les blogs de niche et/ou locaux, au lectorat restreint mais très engagé. Et, qui sait, votre interlocuteur pourrait bien travailler demain pour un media plus important, alors autant lui laisser un bon souvenir !

34.6 L'interview « sortie de scène »

Suant et surexcité : c'est l'état dans lequel vous serez probablement si l'entretien est prévu après un concert. Prévoyez le coup en y allant mollo sur la boisson, la frontière entre décontraction et grand n'importe quoi est généralement assez mince. Un petit temps de méditation avant de monter sur scène pourra s'avérer également très bénéfique pour vous aider à garder les idées claires.

34.7 Soyez professionnel

Vous avez fixé une heure de rendez-vous ? Soyez ponctuel. Votre interlocuteur mérite toute votre attention, donc évitez les distractions inutiles en mettant votre téléphone en mode silencieux et en le rangeant dans votre poche. Si l'entretien se fait par e-mail, soignez votre grammaire et votre orthographe. C'est le genre de détail dont un journaliste se rappelle, et qui l'incitera à faire votre promotion auprès de ses collègues.

35 COMMENT CHOISIR SON COACH VOCAL ?

Vous voulez suivre des cours de chant afin d'améliorer votre technique vocale et mieux chanter ? Super !

Maintenant il est impératif de choisir le coach ou le professeur qu'il vous faut.

35.1 Quelques questions essentielles

- Quel est votre objectif principal ?
- Quel style aimez-vous chanter ? (Pop, country opéra, classique, comédie musicale, métal, rock ?)
- Est-ce que le\la coach ou le\la prof enseigne le style que vous voulez ?
- Quel est votre budget et combien de fois par semaine prévoyez-vous suivre des cours de chant ?
- Voulez-vous apprendre une méthode de chant en particulier ?
- Quel est votre niveau ?
- Cours dans une école privée ou dans un Conservatoire de musique
- Cours en studio avec le professeur ou coaching via Skype ?
- Cherchez sur internet les coachs que vous admirez et que vous aimez et à partir de la visitez leur site. Demandez-leur en premier lieu quels styles de chant il ou elle enseigne. Voulez -vous des cours en studio ou sur Skype ? Un bilan vocal ou une session de coaching de deux heures ?
- Avant de vous lancer, votre objectif doit être clair. Chantez -vous pour le plaisir ou vous envisagez de faire carrière ?
- Parlons du tarif. Quel est votre budget ? Combien de coaching ou de cours avez-vous besoin ? Soyons réaliste. Suivre des cours de chant une à deux fois semaines est dispendieux.
- Le tarif dépend du professeur ou du coach. Chacun a son propre tarif selon la notoriété ou la méthode qu'il enseigne et ses années d'expérience.
- Suivre des cours de chant ou des coachings réguliers est dispendieux mais nécessaire si vous avez envie de bien chanter et d'acquérir de solides bases pour devenir chanteur pro ou chanteuse professionnelle. Apprendre à chanter seul est bien aussi, il y a des programmes

et des formations en ligne qui peuvent vous apprendre beaucoup, mais si vous voulez des cours de chant plus ciblés l'aide d'un ou d'une professeure est essentiel.

- Posez-lui des questions sur ses études, son expérience et sur les techniques qu'il ou elle enseigne. Parlez-lui de vos objectifs vocaux et du style de musique que vous aimez.
- Le professeur ou le coach devra être à l'écoute, il travaillera avec vous et ne portera pas de jugement sur votre voix. Le plus important est de vous sentir assez en confiance pour chanter librement.

35.2 Coaching et cours de chant sont deux choses différentes.

Lors d'un cours de chant, vous apprendrez comment vous servir de votre voix, le professeur vous montrera les bases de la technique vocale et vous travaillerez des chansons, mais aussi des vocalises, et parfois même la théorie musicale.

Dans la première partie du cours de chant, on échauffe la voix avec quelques exercices de vocalises. Par la suite tout dépendant de l'objectif de l'élève nous pouvons travailler soit le répertoire (une ou plusieurs chansons) ou aborder les notions de la théorie musicale, le rythme et le solfège. Un cours complet est d'une durée d'environ 45 minutes à une heure.

Les cours de chant sont sur le long terme.

Avoir un coaching vocal est diffèrent.

Le coach vous aidera à préparer votre chanson en vue d'un concert, un enregistrement, une tournée, une conférence…Plusieurs vedettes ont leur propre coach vocal et les amène avec eux en tournée.

Un coaching vocal est d'une durée d'environ une heure ou une heure et demi et parfois deux heures tout dépend de l'objectif.

Le coach vocal vous aidera à travailler plusieurs aspects de votre chanson. Il vous donnera des conseils pour améliorer votre interprétation, des astuces pour votre voix et plus. Chaque coach a sa technique d'enseignement. Il suffit de trouver celle qui correspond à vos besoins.

35.3 Et les formations en ligne ?

Depuis quelques années, grâce à Youtube, vous pouvez avoir accès à des formations en ligne gratuites ou payantes.

Je vous invite bien sûr à jeter un coup d'œil à ma boutique en ligne j'ai 3 formations qui peuvent vous aider à travailler votre voix à la maison.

Mes formations contiennent des exercices vocaux pour échauffer et améliorer votre voix. Il est quand même recommandé si possible d'avoir aussi un professeur de chant privé pour vous aider à travailler votre technique vocale régulièrement.

36 COMMENT TRANSCRIRE DE LA MUSIQUE ?

Transcribe ! est une application qui permet de transcrire les notes d'un morceau de musique.

Avec cette application, vous pouvez extraire automatiquement toutes les notes d'un morceau sans avoir à écouter et récouter la même musique.

37 COMMENT DECLARER UNE MUSIQUE A LA SACEM ?

Pour un dépôt au format papier, vous devez joindre un CD et le cas échéant la partition de l'oeuvre. Pour un dépôt en ligne, vous pouvez joindre un fichier MP3 ou WAV. N'oubliez pas également de joindre l'intégralité des paroles et dans le cas d'une oeuvre éditée, le contrat de cession et d'édition.

37.1 Sacem

Déclarer/Déposer vos œuvres

A compter du 1 mars 2021 :

Les œuvres provisoires doivent obligatoirement être déclarées en ligne dans l'espace membre.

Les œuvres non éditées doivent également être déclarées en ligne dans l'espace membre. La déclaration au format papier à l'aide du formulaire 726 (+ éventuelle annexe) reste possible pour les genres suivants : Musique de film, série, publicité, Arrangement, Adaptation, Œuvre avec auteur et/ou compositeur du domaine public, Musique symphonique, Conte musical, Parodie, Œuvre de plus de 15 minutes. Les textes de doublage et de sous-titrage et les réalisations audiovisuelles doivent être déclarés avec les formulaires habituels.

Les œuvres éditées doivent être déclarées en ligne de préférence. La déclaration au format papier à l'aide du formulaire 725 reste possible.

Déposez vos œuvres en ligne

Veuillez accepter les cookies marketing pour charger ce contenu.

Comment se procurer les bulletins de déclaration ?

En les téléchargeant dans la médiathèque.

Attention :

Pour être acceptés par la Sacem, les bulletins de déclaration papiers ne doivent être ni raturés ni blanchis. Il est obligatoire d'indiquer la durée de l'oeuvre sur le bulletin.

37.2 Quels supports joindre à votre dépôt ?

Pour un dépôt au format papier, vous devez joindre un CD et le cas échéant la partition de l'oeuvre.

Pour un dépôt en ligne, vous pouvez joindre un fichier MP3 ou WAV.

N'oubliez pas également de joindre l'intégralité des paroles et dans le cas d'une oeuvre éditée, le contrat de cession et d'édition.

37.3 Quel partage indiquer sur le dépôt définitif ?

En ligne ou au format papier, vous devez préciser votre rôle (auteur, compositeur, éditeur...) et indiquer en pourcentage la part de vos droits de reproduction uniquement (exploitations CD, vidéos...).

La totalité des parts de tous les créateurs et éditeurs de l'oeuvre doit être strictement égale à 100%.

Le partage en droit d'exécution publique (radio, télévision, concerts, spectacles...) est quant à lui statutaire conformément à l'article 57 des Statuts de la Sacem.

Pensez aussi à indiquer votre numéro international qui figure sur votre carte de membre ou, à défaut, votre numéro de compte Sacem (COAD) qui figure sur vos feuillets de répartition.

37.4 Qu'est-ce que la destination de l'arrangement ?

La destination de l'arrangement est le détail des exploitations pour lesquelles l'arrangeur a effectué ce travail. Il ne recevra des droits qu'en provenance de ces exploitations.

Si l'arrangement a été réalisé pour un disque précis ou pour une série de concerts, il faut alors établir deux dépôts :

- Un dépôt sans mention de l'arrangeur,
- Un dépôt avec mention de l'arrangeur et de cette destination précise.

Il est également indispensable de joindre deux supports (CD...) : celui de l'oeuvre originale et celui de l'oeuvre arrangée.

Si l'arrangement a été réalisé pour toutes les exploitations de l'oeuvre et que l'arrangeur doit recevoir des droits systématiquement, il suffit d'un seul dépôt avec la mention « Arrangement valable pour toutes destinations ».

A noter :

Les œuvres arrangées ne peuvent faire l'objet d'un dépôt en ligne sur voter espace membre. Merci de télécharger un bulletin de déclaration dans la médiathèque.

N'oubliez pas le dépôt légal du Centre national de l'audiovisuel !

La mission du Centre national de l'audiovisuel est d'assurer la sauvegarde du patrimoine audiovisuel national par dépôt légal des documents audiovisuels, cinématographiques, sonores, etc. produits sur le territoire national et mis à disposition d'un public quel que soit leur procédé technique de production, d'édition ou de diffusion , conformément à la loi du 25 juin 2004 portant sur la réorganisation des instituts culturels de l'Etat et du règlement grand-ducal du 6 novembre 2009 relatif au dépôt légal.

Téléchargements

- CNA Depot Legal
- Depot Legal document sonore
- Depot Legal TV
- Depot Legal document audiovisuel
- Depot Legal videogramme

37.5 Échauffements vocaux : préparer sa voix

Laissez-là se réveiller doucement en parlant tout d'abord à voix basse avant d'augmenter le volume progressivement. Vous pouvez même faire vos premiers sons bouche fermée sur un ton bas à médium pour permettre un réveil tout en douceur de vos cordes vocales et des muscles autour du larynx.

37.6 Comment avoir une belle voix dans un vocal ?

Nos astuces pour placer sa voix

- S'entraîner régulièrement avec ou sans professeur de chant,
- Rester hydraté tout au long de son échauffement,
- Détendre les muscles de son visage,
- Prendre le temps de respirer tranquillement,
- Travailler sa poitrine, ses épaules et son diaphragme en plus de sa voix,

37.7 Échauffements vocaux : préparer sa voix

Les échauffements vocaux font partie des bases du chant. Ils sont nécessaires pour préparer les muscles et les organes de la voix. Tout comme un sportif qui échauffe et prépare ses muscles et tout son corps avant une compétition, l'échauffement vocal permet de réveiller et préparer sa voix. En effet, grâce à de bons exercices d'échauffements vocaux, votre voix et toute la mécanique qui la compose, seront parfaitement armés pour pouvoir produire des sons puissants et pouvoir tenir sur la longueur …

Échauffements vocaux : comprendre la phonation

En premier lieu, il est important de comprendre le fonctionnement de votre voix, cette fantastique machine à chanter…

De l'air, de l'air :

Tout commence avec la matière première indispensable pour

fabriquer les sons que nous émettons : l'Air. C'est la raison pour laquelle il est primordial de maîtriser la bonne respiration pour le chant. Je ne vais pas redire ici tout le fonctionnement en détails de cette respiration, mais je vous invite, tout de même, à consulter les différents articles et autres vidéos que vous pourrez trouver sur notre site Activstudio, à ce sujet.

Sachez en tous cas, qu'un bon échauffement vocal prend en compte la respiration abdominale que l'on appelle aussi respiration diaphragmatique. Comprenez que cet air, lors de l'expiration, va remonter votre colonne d'air avant de passer par votre larynx. Vos cordes vocales se trouvent à l'intérieur de celui-ci, en les traversant l'air va les faire vibrer.

37.8 La bonne fréquence :

Cette vibration, en résonnant dans différentes cavités comme le pharynx ou la cavité buccal, entre autres, deviendra un son. Si vous vous rappelez vos cours de physique au collège, c'est le principe des fréquences. Une vibration devient un son lorsqu'elle résonne dans une cavité. Tout comme un diapason ou encore une guitare dont les vibrations des cordes résonnent dans cette boite en bois pour devenir des sons.

Les échauffements vocaux, ont donc pour but de mettre en exergue toute cette mécanique qui constitue votre appareil à chanter.

37.9 Chanter c'est mu sclé !

N'oublions pas que votre appareil phonatoire est aussi composé de muscles, vos cordes vocales entre autres, mais aussi beaucoup d'autres, trop souvent ignorés ! Comme vous l'aurez compris, chanter est plus complexe qu'il n'y parait. Il n'y a pas que les cordes vocales qui sont sollicitées lors du chant…

En effet, c'est votre corps tout entier qui chante. Tous les muscles qui entourent votre gorges, vos mâchoires, ceux de votre langue et même de vos lèvres, participent à ce processus vocal. Mais ce n'est

pas tout, il y a aussi le diaphragme et les muscles intercostaux qui se mobilisent lors de la respiration. Sans oublier les muscles abdominaux et même le périnée qui seront essentiels à la gestion du souffle et au maintien des notes…

Tous ces muscles ont besoin d'échauffements vocaux afin d'être préparés à l'effort. L'échauffement vocal sert à réveiller la voix et toute sa machinerie afin de la mettre en condition, comme un sportif qui cherche à être plus performant dans l'effort et tenir sur la durée.

J'aime à dire que le chant est un sport qui, correctement maîtrisé peut devenir un art.

Échauffements vocaux : quelques conseils pour avoir une belle voix

L'échauffement vocal est donc une préparation et une mise en condition de la voix et de tous ses équipements avant la pratique du chant. Mais cela ne suffit pas à avoir une belle voix, il faut aussi la ménager et la préserver au quotidien.

37.10 Le repos avant l'effort :

Tout d'abord pour être en pleine forme et totalement opérationnelle, votre voix a besoin de repos.

Une bonne nuit de sommeil qui correspond à au moins 7 heures d'inactivité pour vos cordes vocales est nécessaire. Bon, sachez que même si vous parlez la nuit durant votre sommeil ça ne compte pas, évidemment !!!

Une fois que vous êtes réveillé, ne forcer pas votre voix. Laissez-là se réveiller doucement en parlant tout d'abord à voix basse avant d'augmenter le volume progressivement. Vous pouvez même faire vos premiers sons bouche fermée sur un ton bas à médium pour permettre un réveil tout en douceur de vos cordes vocales et des muscles autour du larynx. Evidemment il est Inutile, voir même

proscrit, de
hurlé ou de chanter à tue-tête dès le réveil… cela vaut mieux pour votre voix mais aussi pour votre entourage !

37.11 Prémices à l'échauffement vocal :
Il est bien sûr conseillé d'avoir aussi une bonne hygiène vocale. Évitez de fumer, de boire trop d'alcool, faites du sport et mangez 5 fruits et légumes par jour ! Non, je plaisante … quoique cela ne puisse pas vous faire de mal. Par contre évitez vraiment les sodas et autres boissons gazeuses avant de chanter, elles fragilisent vos cordes vocales. Attention aussi aux produits laitiers qui provoquent une augmentation de l'acidité et des mucosités.

Enfin, pensez à vous hydrater en buvant régulièrement de l'eau plate. (Vous pouvez l'accompagner de quelques gouttes de jus de citron, si vous aimez, c'est excellent pour votre voix.) La cavité buccale se dessèche très vite lorsque l'on chante et vos cordes vocales ont besoin d'un maximum d'hydratation pour donner le meilleur d'elles même.

Soyez donc bien conscient que les échauffements vocaux sont une base préparatoire à la pratique même du chant. Mais il est tout aussi important de préserver votre voix au quotidien.

37.12 Échauffements vocaux : par quoi commencer ?
Les échauffements vocaux doivent être constitués de plusieurs exercices. Chaque professeur de chant a ses méthodes et ses préférences, pour ma part je conseille de débuter l'échauffement vocal par un exercice respiratoire.

37.13 Échauffement vocal respiratoire :
Cet exercice permettra à la chanteuse ou au chanteur de se détendre et de mettre en place la bonne technique respiratoire avant d'aborder l'échauffement vocal proprement dit. Vous pouvez commencer par faire une inspiration profonde par le nez en

gonflant bien votre ventre, avant d'expirer le plus doucement et longtemps possible par la bouche jusqu'à avoir vidé vos poumons au maximum et que votre ventre soit totalement rentré. Renouveler cet échauffement respiratoire plusieurs fois jusqu'à ressentir une aisance à l'exécuter et un véritable apaisement du corps et de l'esprit.

37.14 La résonance des sons :
Dans un second temps, je recommande de réveiller doucement vos cordes vocales avec des échauffements vocaux qui associent le souffle, les sons et la résonance. Vous pouvez par exemple, prendre une profonde inspiration en gonflant le ventre avant de produire des sons bouche fermée. Commencez par une note basse en prenant le temps de ressentir la zone vibratoire (larynx) puis la zone de résonance (cavité où la vibration résonne pour devenir un son) . Recommencez l'exercice vocal en augmentant la hauteur de note et ainsi de suite, un peu comme si vous montiez un escalier de notes de musique. Prenez bien le temps de ressentir et d'analyser chaque production de son. Prenez garde, aussi à ne pas vouloir aller trop vite dans la montée de cet escalier musical ... vous risqueriez de louper quelques marches qui mettraient à mal votre ascension !

37.15 Exercices de phoniatrie et d'articulation :
Les échauffements vocaux pourront se poursuivre avec quelques exercices de phoniatrie et d'articulation afin de déverrouiller les mâchoires et l'ATM (Articulation temporo mandibulaire) , mais aussi pour assouplir la langue et les lèvres.

Vous pourrez, par exemple, pratiquer les fameux « Pepapipopu » du coach vocal Richard Cross et réciter quelques phrases articulaires amusantes et bien utiles comme celles-ci : « Sachez cher Sasha que ces sachets s'achètent » , « Je veux et j'exige d'exquises excuses » (en faisant les liaisons bien sûr, sinon c'est trop facile) , et autres « Les chaussettes de l'Archiduchesse... » et « La cocotte kiki... » ou encore le fameux « Grâce à grand Greg je progresse » qu'il fallait bien que je place ici, ne serait-ce que pour flatter un peu mon ego avec humour, bien sûr.

37.16 Échauffement vocal : gammes et vocalises

Enfin, le travail de préparation de la voix pourra se conclure par une série de vocalises accompagnées au piano. Ces échauffements vocaux permettent d'associer l'oreille et la voix, n'oublions pas que votre justesse en dépend. Comme j'aime à le dire à mes élèves : « On chante aussi avec les oreilles ! »

Les vocalises que vous pourrez pratiquer sur diverses gammes, auront aussi un rôle important dans le travail vocal des basses, médiums et aigus qui composent votre spectre vocal, c'est à dire votre tessiture. Pour cela, il vous suffit de jouer au piano puis de reproduire à la voix les différentes notes d'une gamme. Vous pouvez même commencer par

reproduire la montée de gamme la plus connue, même par les débutants : Do Ré Mi Fa Sol La Si Do.

Si vous n'avez pas de piano, sachez qu'il existe des applications sur smartphone ou encore sur internet pour accéder à un piano virtuel. Vous pouvez même vocaliser en vous replongeant dans un classique de Disney, les Aristochats et chantez « Des gammes et des Arpèges » . Attention tout de même à toujours faire attention de pratiquer ces échauffements vocaux sans forcer sur votre voix. Pour cela, soyez attentif à toujours débuter sur une zone de confort vocal par rapport à votre tessiture et n'insistez sur des notes trop difficiles. Ce travail là pourra se faire avec votre professeur de chant ou coach vocal, ceci est un travail de culture vocale et c'est de l'ordre du cours de chant et non de l'échauffement vocal.

37.17 S'échauffer ce n'est pas encore chanter :

Attention, on ne s'échauffe pas la voix en chantant une chanson que l'on pense facile ! L'échauffement vocal est bien la prémisse au chant et même s'il peut être relativement court et rapide, il n'a rien à voir avec le fait de fredonner une chanson. Certains ont tendance à faire l'impasse sur les échauffements vocaux car ils les voient comme une contrainte voir comme une corvée ! N'oubliez jamais qu'un échauffement peut être aussi un moment de plaisir, tout comme le fait de chanter. De plus, les différentes étapes exposées précédemment correspondent à un échauffement vocal complet qui pourra être fragmenté.

Pour prendre véritablement du plaisir dans vos échauffements vocaux et être efficace, il est très important de vous sentir à l'aise et détendu. N'ayez pas peur de voir

l'échauffement vocal comme un jeu... Vous pouvez vous amusez à prendre différentes couleurs de voix, un peu comme quand on raconte une histoire à des enfants et qu'on joue à illustrer les différents personnages en modifiant notre timbre.

Plus vos échauffements vocaux seront ludiques, plus vous décontracterez tous ces petits muscles qui composent votre appareil phonatoire. Cela rendra votre échauffement vocal moins scolaire et vous permettra de joindre l'utile à l'agréable.

37.18 Échauffements vocaux : Quand et combien de temps ?

Premièrement, il est impératif d'être en bonne condition physique et mentale avant d'attaquer vos échauffements vocaux. Si ce n'est pas le jour car vous êtes trop fatigué ou que votre moral est en berne, ne vous forcez pas.

37.19 Quand échauffer ma voix ?

Il vous faut être réveillé depuis au moins 2 heures pour que votre corps tout entier soit prêt. N'hésitez pas à faire quelques étirements des fascias du cou par exemple ou encore des bras et du dos. Vous pouvez aussi vous décontracter en faisant rouler vos épaules et en massant vos joues. Enfin vous pouvez déverrouiller vos mâchoires et détendre votre langue avant de débuter votre échauffement vocal.

37.20 Combien de temps échauffer ma voix ?

Bien évidemment, la durée de vos échauffements vocaux sera fonction de chacun. Nous n'avons pas tous les mêmes besoins. De plus, en fonction de la fréquence de vos entraînements et du temps que vous avez devant vous, la durée de vos échauffements vocaux pourra varier.

Je vous conseille, tout de même de ne pas dépasser 40 minutes histoire de ne pas vous fatiguer et de vous garder un peu de temps et d'énergie pour chanter. En moyenne, un échauffement vocal régulier, voir quotidien durera 10 à 15 minutes. Il pourra même être réduit à un échauffement vocal rapide avec l'entraînement.

37.21 Échauffements vocaux : en conclusion

Pour conclure, les échauffements vocaux permettent de moins fatiguer les cordes vocales et le larynx.

Ils sont indispensables dans la préparation physique et même mental avant de fournir un effort dans le chant.

Les échauffements vocaux participent à la bonne mise en condition de la chanteuse ou du chanteur avant un concert ou un enregistrement, tout comme un athlète, même de haut niveau, n'entame pas un marathon sans s'être échauffé et préparé.

Les échauffements vocaux doivent à la fois réveiller et préparer votre voix, mais aussi introduire le travail des notes. La justesse, la puissance d'émission vocale, la bonne articulation des sons commencent lors des échauffements vocaux. Ce travail de la voix se poursuivra sur tout le reste du cours de chant. De part la pratique des différentes techniques et grâce au coaching vocal du professeur de chant, un bon échauffement vocal permettra de facilité la mise en application sur une ou plusieurs chansons.

Les échauffements vocaux sont donc, les prémices de l'apprentissage des techniques vocales et de la bonne pratique de ce sport qui deviendra, peut être un art : le Chant.

38 QUEL MICRO CHOISIR ?

Il existe plusieurs types de microphones, chacun étant dédié à des usages différents (prise de voix, enregistrement d'instrument de musique, micros de scènes...).

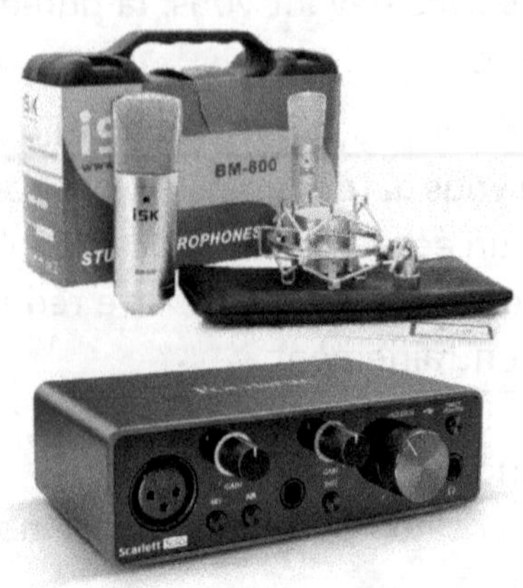

Pour bien choisir votre micro de studio, il est nécessaire de prendre en considération la sensibilité du micro (sa tension en volt, fonction de la pression acoustique environnante), le souffle (le mouvement des électrons sur la chaine de traitement de son), la courbe de réponse (façon de percevoir les graves et les aigus), et la directivité (la réaction du micro par rapport à la source sonore). Chacune de ces caractéristiques va déterminer un type de microphone.

Révisons tout d'abord les familles de microphones pour mieux comprendre. Il existe 2 grandes familles de microphones : les dynamiques et les électro-statiques.

Pour bien choisir votre micro de studio, il est nécessaire de prendre en considération la sensibilité du micro (sa tension en volt, fonction de la pression acoustique environnante), le souffle (le mouvement des électrons sur la chaine de traitement de son), la courbe de réponse (façon de percevoir les graves et les ...

Pour enregistrer des voix en home studio, nous vous conseillons de privilégier un microphone éléctrostatique à condensateur ou un microphone à lampe. Ils sont très sensibles et possèdent une très bonne définition pour le home studio. Voici une présentation des différents micros de studio et leurs spécificités.

38.1 Micros dynamiques

Les micro dynamiques seront à privilégier en condition « live »: robustes et capables d'encaisser d'importants niveaux de pression sonores, ils nécessitent d'être placés très près de la source sonore, mais sont peu sensibles aux larsens et autres interférences.

Pour l'enregistrement d'une guitare par exemple, la polarité cardioïde est la mieux adaptée. De manière générale, ils possèdent une bande-passante moins large que les électro-statiques, de même qu'une réponse dynamique plus faible.

Nous conseillons : le micro Shure SM57 reste la référence absolue, capable de s'adapter à un très large panel d'instruments et d'amplis, sa réponse en fréquence est particulièrement adaptée à la guitare.

38.2 Micro électro-statiques /cardïoide

Les microphones électrostatiques sont largement plébiscités par les professionnels pour leur sensibilité (plus précis qu'un micro dynamique) ainsi que pour leur fidélité de reproduction. Sur un microphone électrostatique à condensateur, la membrane n'est pas fixée à un bobinage mais séparée par une plaquette électriquement chargée par un isolant (air, vide...). La face intérieure de la membrane est saupoudrée d'un métal (fine couche d'or, Myla ou polyester aluminisé) pour la rendre conductrice et former un condensateur. Equipé de préamplificateurs électroniques à étages de condensateurs, de transistors ou de lampes, le micro électrostatique comporte souvent des options de traitement du signal telles qu'un modulateur de directivité, un atténuateur de basses fréquences, ou encore un limiteur de volume (Pad).

Sensible aux manipulations, le micro électrostatique est généralement fixé sur une monture à suspension pour absorber les chocs et les vibrations. Les qualités du microphone électrostatique sont : son excellente réponse transitoire et sa parfaite bande passante, dûes entre autres à la légèreté de la partie mobile. Cependant, ce micro studio nécessite une alimentation fantôme (alimentation externe standardisée à 48 volts), généralement fournie par tous les périphériques pré-amplifiées ou délivrée par la carte son.

De par sa grande sensibilité, le micro electro-statique est donc conseillé pour une prise dans un environnement fermé : studio ou home-studio. Il existe plusieurs sous-catégories au sein de cette grande famille, concentrons-nous sur les principales.

38.3 Micro à condensateur large membrane

: le micro de studio par excellence ; comme son nom l'indique ce micro est équipé d'une capsule large, idéale pour capter un spectre sonore étendu, et ainsi réaliser une prise équilibrée sur toute la bande de fréquences. Ce type de micro peut se placer plus ou moins loin de votre source, en fonction du résultat souhaité. Nous conseillons le micro Neumann TLM 102, réputé pour ses mediums riches.

38.4 Micro à condensateur petite membrane

: comme le micro à condensateur large membrane, mais avec un membrane au diamètre amoindri, ce qui a tendance a rendre ce type de micro plus sensible aux fréquences haut-medium / aiguës. Idéal en en couple, ou en complément d'un micro dynamique, ou pour les prises d'ambiance si placé loin d'une source. Nous conseillons : le micro X-Tone XR-Steam, très polyvalent, il s'adaptera à tout type de source.

38.5 Micro de studio à lampe

Le micro à lampe est un micro statique qui nécessite aussi une alimentation fantôme pour fonctionner et intègre un circuit de préamplification à transistor ou à tube électronique. Sensible, il est utilisé comme micro d'ambiance, overhead ou pour la prise d'instruments de musique ne générant pas de forte pression acoustique (cordes, chant…).

38.6 Micro de studio à ruban

Le microphone à ruban convertit une variation de pression sonore en signal électrique à l'aide du phénomène de l'induction magnétique due à la loi de Lenz. Comme son nom l'indique, la principale caractéristique du micro à ruban est de remplacer le système de bobine mobile par un fin ruban métallique qui fait alors office de membrane acoustique et de bobinage électrique.

Extrêmement fragile, le micro de studio à ruban nécessite une pré-amplification et atteint facilement un niveau de saturation. Cependant, les qualités d'un microphone à ruban sont reconnues par les professionnels du son : une excellente réponse aux transitoires, un son particulièrement naturel , "chaud" et précis ainsi qu'une bande passante très large. Ces atouts sont dûes à la faible largeur du ruban vis-à-vis de la longueur d'onde la plus petite à analyser. La position du ruban par rapport à la source sonore est dans ce cas importante (corps impérativement vertical ou point rouge en haut pour certains modèles).

38.7 Micro numérique / USB

Le microphone USB permet une connexion directe à votre système informatique. Le micro de studio numérique intègre la convertion du son analogique en son numérique. Il permet donc de numériser les sons au plus proche de la source, avec une grande qualité.

38.8 Directivité de microphone

La directivité d'un micro, c'est la manière dont le microphone capte le son provenant de différentes directions. Le diagramme polaire du micro représente les limites de la sensibilité du micro dans l'espace, cette caractéristique essentielle s'appelle la directivité du microphone.

38.9 Omnidirectionnel

Un microphone omnidirectionnel ne privilégie aucune provenance. Il capte les sons venant de toutes les directions. On l'utilise rarement en sonorisation, mais surtout en enregistrement.

38.10 Cardioïde

Le microphone cardioïde est sensible aux sons placés devant le micro et est peu sensible aux sons provenant de l'arrière. On l'utilise quand on a besoin d'isoler une source par rapport à une autre ou en milieu réverbérant.

38.11 Hypercardioïde

Le microphone hyper-cardioïde est plus directionnel que le cardioïde ; son champ de captation est plus allongé vers l'avant et on note une légère sensibilité vers l'arrière. On utilise ce type de microphone lorsque l'on a besoin de davantage de sélectivité vers l'avant.

38.12 Canon

Leur corps relativement long (50 cm et plus) est constitué d'un tube à interférences placé devant la capsule. Ce microphone est utilisé principalement en extérieur (en visant la source comme avec un fusil) pour capter des sons éloignés en réduisant les sons parasites : reportage, interview...

38.13 Bi-directionnel

Le microphone bidirectionnel est sensible aux sons provenant de l'avant et de l'arrière de sa membrane ; par contre il ne captera pas les sons venant des côtés. Cette caractéristique propre au micro à ruban en fait un micro spécialement adapté pour les duos, en plaçant les interprètes de part et d'autre du microphone.

39 COMMENT CREER UNE BONNE PAGE FACEBOOK EN 6 ETAPES

- Choisissez le bon nom de page. ...
- Créez votre nom d'utilisateur unique. ...
- Renseignez bien votre profil. ...
- Saupoudrez votre page de mots-clés. ...
- Reliez votre page Facebook et votre site internet. ...
- Ajoutez une publication épinglée sur votre page.

40 COMMENT CRÉER UNE PAGE FACEBOOK ENTREPRISE EN 7 ÉTAPES SIMPLES

Les Pages Facebook professionnelles permettent à plus de personnes d'interagir avec votre marque en ligne. La création d'une Page Facebook professionnelle ne doit pas nécessairement être compliquée. Vous disposez probablement déjà des photos, du texte et des idées nécessaires à la création de votre Page Facebook professionnelle. Il ne vous reste plus qu'à suivre quelques étapes faciles afin de lancer votre Page.

Besoin d'inspiration pour vous lancer ? 2,5 milliards de personnes utilisent Facebook tous les mois et plus de 140 millions d'entreprises tirent déjà parti de Facebook pour interagir avec ce public.

Découvrons donc comment créer un compte Facebook professionnel. Suivez ces étapes pour lancer votre Page rapidement.

4 1 QUE-EST-CE QUE C'EST UNE PAGE FACEBOOK POUR LES ENTREPRISES ?

Une page Facebook est un compte Facebook public qui peut être utilisé par des marques, des organisations, des artistes et des personnalités publiques.

Les entreprises utilisent les pages pour partager leurs coordonnées, afficher des mises à jour, partager du contenu, promouvoir des événements et des communiqués et, ce qui est peut-être le plus important, communiquer avec leur public Facebook.

Les pages peuvent être connectées aux comptes publicitaires Facebook et aux boutiques Facebook.

42 COMMENT CREER UNE PAGE FACEBOOK POUR LES ENTREPRISES

Avant de créer votre Page Facebook professionnelle, vous devez vous connecter à votre compte personnel. Ne vous inquiétez pas, les informations de votre compte personnel ne seront pas rendues publiques sur votre page professionnelle.

Si ce n'est pas déjà fait, connectez-vous à votre compte personnel, puis commencez à créer votre Page.

42.1 Étape 1 : Inscrivez-vous

Rendez-vous sur facebook.com/pages/create.

Sélectionnez le type de Page que vous souhaitez créer : « Entreprise ou marque » ou « Communauté ou personnalité publique ». Pour les besoins de cet article, nous supposerons que vous créez une Page pour une entreprise ou une marque. Cliquez sur le bouton Démarrer situé sous cette option.

Ensuite, saisissez les informations de votre entreprise. Pour le nom de Page, utilisez le nom de votre entreprise ou le nom que les utilisateurs sont susceptibles de rechercher pour trouver votre entreprise.

Pour la catégorie, saisissez un ou deux mots qui décrivent votre entreprise et Facebook vous proposera quelques options.

Une fois votre catégorie sélectionnée, il vous sera demandé de renseigner des informations supplémentaires telles que votre adresse ou votre numéro de téléphone. Vous pouvez choisir de rendre ces informations publiques ou de n'afficher que votre ville et votre pays.

Lorsque vous avez terminé, cliquez sur Continuer.

Veuillez noter qu'en cliquant sur ce bouton, vous acceptez les politiques de Facebook relatives aux Pages, groupes et événements. Il est donc recommandé de les consulter avant de continuer.

Étape 2 : Ajoutez des photos

Ensuite, vous devez ajouter une photo de profil et une photo de couverture à votre Page Facebook. Choisissez-les bien car il est primordial de donner une bonne première impression visuelle. Veillez à ce que les photos que vous choisissez correspondent à votre marque et rappellent votre entreprise.

Importez d'abord votre photo de profil. Cette image est associée au nom de votre entreprise dans les résultats de recherche et lorsque vous interagissez avec les utilisateurs. Elle apparaît également dans le coin supérieur gauche de votre Page Facebook.

Si votre marque est reconnue, nous vous recommandons d'utiliser votre logo. Si vous êtes une célébrité ou une figure publique, rien de mieux qu'une photo de votre visage. Si vous êtes une entreprise locale, essayez d'utiliser une image bien mise en scène de votre produit phare. Un fan ou client potentiel doit reconnaître votre Page immédiatement.

Comme nous l'expliquons dans notre article sur la taille d'image idéale pour chaque plateforme de médias sociaux, votre photo de profil Facebook s'affiche à 170 x 170 pixels sur ordinateur et 128 x 128 pixels sur mobile. Elle apparaîtra sous forme ronde, alors assurez-vous qu'aucun détail important ne se trouve dans les coins.

Une fois que vous avez choisi votre photo, cliquez sur Ajouter une photo de profil.

Il est maintenant temps de choisir votre photo de couverture, l'image la plus visible sur votre Page Facebook professionnelle.

Cette image devrait capturer l'essence de votre marque et transmettre sa personnalité. Elle s'affichera à 820 x 312 pixels sur ordinateur et 640 x 360 pixels sur mobile. L'image doit faire au moins 400 pixels de large sur 150 pixels de haut, cependant la taille recommandée est de 720 x 315 pixels.

Une fois que vous avez sélectionné votre photo, cliquez sur Ajouter une photo de couverture.

Voilà ! Bien qu'un peu vide, vous avez maintenant créé votre Page Facebook professionnelle.

Vous avez maintenant un début de Page Facebook pour votre

entreprise, mais il vous reste du travail à faire avant de la partager avec votre public. Ne vous inquiétez pas, votre page n'est pas encore visible. (Nous la rendrons publique un peu plus loin dans cet article.) Vous ne voyez pour l'instant qu'un simple aperçu.

Étape 3. Connectez votre entreprise à WhatsApp (facultatif)

Après avoir cliqué sur Enregistrer, vous verrez une fenêtre contextuelle vous demandant si vous souhaitez connecter votre entreprise à WhatsApp. C'est facultatif, mais cela vous permet d'ajouter un bouton WhatsApp à votre page, ou d'envoyer des personnes à WhatsApp à partir d'annonces Facebook.

Si vous voulez connecter votre entreprise à WhatsApp, cliquez sur Envoyer Code. Sinon, fermez la fenêtre pour continuer sans connecter WhatsApp. Vous obtiendrez une autre fenêtre contextuelle vous demandant si vous êtes sûr. Puisque nous sautons ce, pour l'instant, nous allons cliquer sur Abandonner.

Étape 4 : Créez un nom d'utilisateur

Votre nom d'utilisateur, ou URL personnalisée, permet aux utilisateurs de trouver votre Page Facebook.

Votre nom d'utilisateur peut comporter jusqu'à 50 caractères, cependant n'abusez pas trop de cette limite. Un nom d'utilisateur doit être facile à saisir et à retenir. Utilisez le nom de votre entreprise ou une alternative évidente.

Cliquez sur Créer un @nomutilisateur sous le nom de votre Page afin de définir votre URL personnalisée.

Cliquez sur Créer un nom d'utilisateur lorsque vous avez terminé. Une fenêtre contextuelle comportant les liens que les utilisateurs peuvent utiliser pour retrouver votre entreprise sur Facebook et Messenger s'affiche.

Vous obtiendrez une fenêtre contextuelle de confirmation. Cliquez simplement sur OK.

Étape 5 : Ajoutez les détails de votre entreprise

Bien que vous pourriez être tenté de laisser les détails pour plus tard, il est important de remplir tous les champs dans la section À propos de votre page Facebook dès le début.

Comme Facebook est souvent le premier endroit où un client se rend pour obtenir des informations sur vous, avoir tous vos détails d'affaires là est important. Par exemple, si quelqu'un cherche une entreprise qui est ouverte jusqu'à 21 h, ils veulent confirmer cette information sur votre page. S'ils ne peuvent pas le trouver, ils continueront sûrement à chercher jusqu'à ce qu'ils trouvent une autre entreprise qui répond à leurs besoins.

Heureusement, Facebook rend cela très facile à remplir. Il suffit de chercher vers le bas sur votre vue Page jusqu'à la section intitulée Configurer votre page pour réussir et compiler l'élément appelé Fournir des informations et des préférences.

Remplissez les détails appropriés ici, en commençant par votre site Web.

Si votre entreprise est ouverte au public pendant des heures précises, assurez-vous de les inscrire ici. Ces renseignements apparaissent dans les résultats de recherche.

N'oubliez pas de remplir la section Ajouter un bouton d'action.

Le bouton d'appel à l'action intégré à Facebook permet de donner facilement au consommateur ce qu'il recherche et lui permet de communiquer avec votre entreprise en temps réel.

Un bon bouton CTA encouragera les visiteurs à en apprendre davantage sur votre entreprise, magasiner, télécharger votre application ou prendre rendez-vous.

Pour ajouter votre CTA, cliquez sur ajouter un bouton, puis choisissez le type de bouton que vous voulez.

Si vous ne voulez pas terminer toutes ces étapes maintenant, vous pouvez toujours y accéder plus tard. Dans le menu Gérer la page, à gauche, faites simplement click sur Modifier les informations de la page.

Si vous préférez que votre page Facebook Business soit hors ligne pendant que vous travaillez sur les détails, vous pouvez choisir de ne pas publier votre page. Dans le menu Gérer la page, cliquez sur Paramètres, puis sur Général. Cliquez sur Visibilité de la page et modifiez le statut pour Page non publiée.

If at any time you want to take your Facebook Business Page offline while you work on the details, you can choose to unpublish your page. From the Manage Page menu, click Settings, then General. Click Page Visibility and change the status to Page unpublished.

Suivez les mêmes étapes pour republier votre page lorsque vous êtes prêt.

Étape 6 : Créez votre première publication

Avant de commencer à inviter des utilisateurs à aimer votre Page Facebook professionnelle, vous devez publier du contenu pertinent. Vous pouvez créer vos propres publications ou partager du contenu pertinent provenant des leaders d'opinion de votre secteur.

Vous pouvez également créer un type de publication spécifique comme un événement ou une offre. Pour cela, il vous suffit de cliquer sur une des options dans la fenêtre Créer en haut de la page.

Assurez-vous que ce que vous publiez offre de la valeur à vos visiteurs lorsqu'ils arrivent sur votre Page Facebook afin de les inciter à y rester.

Étape 7 : Publiez votre page et invitez du public

Votre Page Facebook professionnelle représente désormais une présence en ligne solide qui encouragera les clients et fans potentiels à interagir avec vous. Il est désormais temps d'appuyer sur le bouton vert Publier la page dans le menu de gauche.

Commencez par inviter vos amis Facebook à aimer votre Page. Promouvez votre Page sur vos autres canaux comme Twitter ou votre site Web. Ajoutez des logos « Abonnez-vous à notre Page » à votre matériel promotionnel et votre signature électronique. Si vous le souhaitez, vous pouvez aussi demander à vos clients de vous évaluer sur Facebook.

Pour élargir rapidement votre public, consultez notre article Obtenir plus de mentions J'aime sur Facebook.

Et voilà ! Votre page est désormais active et visible par le monde entier. Désormais, vous devez attirer des fans !

Optimiser votre Page Facebook professionnelle

Maintenant que vous maîtrisez les bases de la création d'une Page Facebook professionnelle, il est temps de penser à des moyens d'optimiser votre Page. Ces stratégies vous aideront à maximiser l'engagement afin d'atteindre vos objectifs de marketing sur Facebook.

Voici un bref aperçu vidéo des étapes que vous pouvez entreprendre afin d'optimiser votre Page Facebook professionnelle. Découvrons-les en détail ci-dessous.

Ajouter une publication épinglée

Y a-t-il des informations importantes que vous souhaitez que tous les visiteurs de votre page voient ? Une promotion que vous ne voulez pas qu'ils ratent ? Du contenu très performant que vous voulez mettre en valeur ? Pour cela, il vous suffit d'épingler une publication.

Une publication épinglée reste en haut de votre Page Facebook professionnelle, juste en dessous de votre photo de couverture. C'est l'endroit idéal pour placer du contenu accrocheur qui attirera l'attention de vos visiteurs et leur donnera envie de rester sur votre Page.

Vous pouvez soit publier une nouvelle publication, soit épingler une publication existante en haut de votre Page. Cliquez sur les trois points en haut à droite de la publication, puis sélectionnez Épingler en haut de la Page.

Une petite icône bleue en forme de punaise apparaîtra en haut à droite de la publication épinglée.

Tirer parti des modèles et onglets.

Les onglets correspondent aux différentes sections de votre page Facebook, telles que À propos et Photos. Vous pouvez personnaliser les onglets que vous souhaitez inclure ainsi que l'ordre dans lequel ils apparaissent sur votre Page.

Si vous ne savez pas quels onglets inclure, consultez les différents modèles Facebook.

Chaque modèle comprend un ensemble de boutons et d'onglets dédiés à des types d'entreprises spécifiques. Par exemple, le modèle Restaurants et cafés comprend des onglets pour des offres, des avis et des événements.

Pour accéder aux modèles et onglets, cliquez sur Paramètres dans le menu de gauche, puis Modèles et onglets.

Aimer d'autres pages

Puisque Facebook est, après tout, un réseau social, il peut être bon d'utiliser votre Page afin d'établir une communauté pour votre entreprise.

Pour cela, vous pouvez interagir avec d'autres Pages qui sont pertinentes pour votre entreprise mais qui ne sont pas concurrentes.

Par exemple, si vous tenez une boutique dans une zone commerciale très fréquentée, vous pourriez établir des liens avec d'autres boutiques de la zone. Il s'agit en quelque sorte d'une version en ligne de votre association d'aide aux entreprises locales ou chambre de commerce.

Si votre entreprise est virtuelle, vous pourriez entrer en contact avec des entreprises de votre secteur qui pourraient apporter de la valeur à vos abonnés sans entrer en concurrence directe avec vos produits.

Pour vous abonner à d'autres entreprises, rendez-vous sur leur Page Facebook, puis cliquez sur les trois points sous la photo de couverture. Cliquez sur Aimer en tant que votre Page. Si vous avez plusieurs Pages Facebook professionnelles, choisissez celle que vous souhaitez utiliser pour aimer la Page de l'autre entreprise, puis cliquez sur Envoyer.

Cette entreprise apparaîtra désormais dans la section Pages aimées par cette Page à droite de votre Page. Découvrez comment cela se présente en pratique.

Lorsque vous aimez une Page, elle recevra une notification et pourra consulter la vôtre ou même l'aimer en retour.

Votre page d'entreprise reçoit un news feed séparé de votre profil personnel , de sorte que vous pouvez interagir avec toutes les entreprises que vous suivez de votre profil d'entreprise. Pour voir tout le contenu des pages que vous avez aimé comme votre page , il suffit de sélectionner votre page et cliquez sur News Feed dans le menu de gauche. Si vous n'avez pas encore aimé les pages, Facebook vous fournira une liste de suggestions pour vous aider à démarrer.

Rejoignez les groupes comme votre page

Les groupes Facebook représentent une opportunité organique pour atteindre de nombreuses personnes qui sont intéressées par un sujet spécifique, mais sans payer pour des publicités. Rejoindre et poster dans un groupe pertinent que votre page Facebook aide toute personne qui est curieux de votre poste cliquez sur votre page d'affaires, plutôt que votre profil personnel. Voici un tutoriel rapide qui explique comment rejoindre en tant que page (cela peut être délicat !)

Vérifier les paramètres

Les paramètres de votre Page Facebook vous permettent de gérer les personnes qui peuvent administrer la Page, la visibilité de vos publications, les mots bannis de la Page, etc. Vous pouvez également consulter les utilisateurs et les Pages qui ont aimé votre Page, contrôler vos notifications et bien plus encore.

Vous pouvez ajuster n'importe quel paramètre réglable depuis cet onglet. Prenez quelques minutes pour passer en revue chaque paramètre et vous assurer qu'il correspond à la manière dont vous souhaitez gérer la Page et dont vous souhaitez que votre public interagisse avec vous.

Pour accéder à vos paramètres, cliquez sur Paramètres.

Consulter les Statistiques de votre Page

Plus vous avez d'informations sur votre public, plus vous pouvez créer de contenu adapté à leurs besoins.

Les Statistiques de votre Page Facebook rassemblent des

informations sur la façon dont les fans interagissent avec votre Page et le contenu que vous partagez. Pour accéder aux Statistiques de la Page, cliquez sur Statistiques dans le menu Manage page de votre Page Facebook professionnelle.

Les Statistiques vous donnent des informations sur les performances globales de votre Page, notamment certaines données démographiques et d'engagement sur votre public. Vous avez accès à des indicateurs sur vos publications afin de connaître le nombre de personnes que vous atteignez. Vous pouvez également connaître le nombre de commentaires et de réactions engendrés par des publications spécifiques afin de planifier votre contenu.

Les Statistiques vous permettent de voir combien de personnes ont cliqué sur votre bouton d'appel à l'action, votre site Web, votre numéro de téléphone ainsi que votre adresse. Ces données sont réparties en fonction de l'âge, du genre, du pays, de la ville et de l'appareil des visiteurs, afin que vous puissiez adapter facilement votre contenu à votre public. Pour accéder à ces informations, cliquez sur Actions sur la Page dans le menu de gauche.

Ajouter des liens vers votre Page Facebook Professionnelle sur d'autres pages Web

Les liens entrants renforcent la crédibilité de votre Page Facebook professionnelle et peuvent aider à améliorer votre classement dans les résultats de recherche. Ils permettent également de rediriger des abonnés potentiels vers votre Page.

Ajoutez un lien vers votre Page Facebook en bas de vos articles de blog et aux endroits pertinents de votre site Web. Encouragez les autres entreprises et détenteurs de blogs à en faire de même lorsque vous collaborez.

43 BIEN DEMARRER SUR INSTAGRAM

Vous êtes nouveau sur Instagram ? Voici comment bien démarrer, ainsi que les mesures que votre entreprise peut prendre pour tirer le meilleur parti de la plate-forme.

Nous avons inclus des liens d'assistance à chaque étape si vous avez besoin de renseignements complémentaires sur le fonctionnement d'un processus.

1. Créez un compte Instagram et choisissez un nom d'utilisateur qui représente clairement votre entreprise, comme son nom par exemple.

2. Ajoutez une photo de profil, une biographie et un lien vers votre site web.

3. Passez à un profil professionnel. À partir de votre profil, appuyez sur l'icône en forme d'engrenage en haut à droite, puis appuyez de nouveau pour passer à un profil professionnel. Remarque : votre entreprise doit posséder une Page Facebook pour passer à un profil professionnel.

4. Liez votre compte aux autres sites de partage tiers sur lesquels vous possédez un compte. Cela vous permettra d'effectuer les actions suivantes :

• Partager des photos avec ces services.

• Cela permettra également la création d'une actualité dans Instagram pour ceux qui vous suivent sur Facebook et qui ont associé leur compte Facebook à Instagram.

5. Annoncez à vos abonnés Facebook que vous êtes sur Instagram. Communiquez-leur votre nom d'utilisateur Instagram et indiquez à vos abonnés qui n'utilisent pas d'appareil iPhone/Android où ils peuvent voir vos photos Instagram.

6. Utilisez et recherchez des identifications pour communiquer avec votre audience. Suivez ces conseils d'utilisation des hashtags.

7. Commencez à partager des photos sur Instagram et sur l'ensemble de vos autres réseaux. Consultez le blog Instagram for Business et les exemples d'utilisation d'Instagram par les marques.

8. Examinez les statistiques sur votre profil professionnel afin de mieux comprendre votre audience et les types de contenu qui lui correspondent le plus.

9. Commencez à promouvoir vos publications très performantes directement à partir de l'application mobile.

4 4 CREER UN COMPTE PRO ET PROMOUVOIR SON ENTREPRISE (TWITTER)

Vous travaillez dans une entreprise nouvelle sur le marché et votre patron vous confie une tâche : vous assurer que la marque est présente sur les principaux réseaux sociaux. Savez-vous vraiment le faire ? Dans cette série de 3 articles, vous apprendrez à créer des comptes professionnels, à les personnaliser et à démarrer des campagnes
promotionnelles efficaces sur les réseaux Facebook, Twitter et Instagram. Pour rendre nos explications plus parlantes, nous nous appuierons sur des exemples d'entreprises.

#1 Comment créer et paramétrer un profil commercial sur Twitter ?

Il n'y a pas de séparation claire entre profils personnels et commerciaux sur Twitter. Ainsi, vous devrez créer un compte

professionnel de la même manière qu'un compte personnel.

Tout d'abord, vous devez aller sur page d'inscription. Ensuite, entrez un nom et une des coordonnées suivantes : le numéro de téléphone ou l'adresse e-mail.

2. L'étape suivante permet d'activer la sélection automatique de contenu et de publicités. L'utilisateur a la possibilité d'activer cette fonction ou de la refuser.

3. La troisième étape est la confirmation des données fournies à la première étape (nom du compte et coordonnées). Si tout est correct, cliquez sur le bouton "S'inscrire".

Twitter vous enverra un code unique au numéro ou à l'adresse e-mail fourni. Vous devrez l'entrer dans un champ spécial : c'est ainsi que vous finaliserez l'inscription.

4. Enfin, la dernière étape : vous devez créer un mot de passe pour le profil. Il est maintenant temps de paramétrer la page.

4 5 COMMENT PERSONNALISER UN PROFIL PROFESSIONNEL SUR TWITTER ?

Le mode compte standard sera activé immédiatement après l'inscription. C'est très pratique. Voyons les étapes.

La photo. Au début, il vous sera demandé d'uploader une photo de profil avec une taille recommandée de 400x400 pixels. Comme avec Facebook, la meilleure option serait une image avec un grand logo au centre.

Description du profil. Le champ a une taille de 160 caractères. Entrez ce dont parle votre page et ce que vous comptez y publier.

Ensuite, le réseau social va vous proposer de synchroniser les contacts stockés sur votre profil Google. Si vous le faites, le système enverra un message à tous vos contacts disant que vous êtes inscrit sur Twitter.

Nous vous recommandons de ne pas vous empresser de le faire car vous pouvez y revenir après avoir finalisé les autres paramétrages.

NB : Si vous avez ignoré l'étape du paramétrage automatique, vous pouvez toujours y retourner plus tard. Pour cela, allez dans "Profil" / "Modifier profil". Dans ce menu, vous pouvez également uploader une photo pour l'entête de votre compte ayant pour dimensions 1500x500 pixels.

Vous avez besoin d'aide pour vos designs de logo et autres outils de branding pour votre compte Twitter ? Vous pouvez vous tourner vers des professionnels : par exemple, utilisez l'outil en ligne pratique Logaster. Tout le monde peut utiliser le service.

La liste entière des paramètres de profil Twitter est disponible en cliquant sur "Plus" dans le menu sur la gauche et en sélectionnant "Paramètres et confidentialité".

L'interface est aussi claire que possible, inutile donc de décrire chaque option séparément. Pour mettre en place un compte professionnel, suivez ces étapes :

Configurez le nom d'utilisateur en allant dans "Compte". Assurez-vous que ce nom est facile à lire et n'est pas ambigu.

Définissez les accès à vos publications, activez ou désactivez la géolocalisation, autorisez la recherche du compte de la marque par les contacts, et bien plus dans "Confidentialité et sécurité";

Utilisez l'onglet "Notifications" pour personnaliser les messages en push, les e-mails et les SMS de notification de la part du réseau social et des utilisateurs. Décidez juste exactement de ce dont vous avez besoin;

Utilisez l'onglet "Affichage" pour définir l'image de fond du compte, la taille de la police et le schéma de couleurs. Choisissez des couleurs allant avec les nuances de votre marque.

En personnalisant un compte entreprise, vous devez inclure les symboles de l'entreprise et vous concentrer sur le design. Veillez à ajouter les coordonnées (par exemple un numéro de téléphone et les services de support par e-mail) au profil pour communiquer avec les clients. Vous pouvez également dire que vous êtes en mesure de communiquer par messages privés.

Les outils pour faire la promotion d'une page commerciale sur Twitter.

Les hashtags

Ils sont nécessaires pour accroître la portée de chaque tweet. Nous recommandons d'utiliser jusqu'à deux hashtags par publication. Si vous en ajoutez plus, vous courrez le risque d'être sanctionné pour violation des règles du réseau social. L'administration du site recommande d'éviter les hashtags liés à la religion, la politique et autres sujets sensibles.

La publicité. Le réseau social a sa propre plate-forme publicitaire disposant des outils nécessaires. Vous pouvez choisir le public cible, le budget et la durée de la campagne. Vous pouvez également suivre les résultats en termes de portée et d'efficacité. La personnalisation des objectifs de la publicité est possible, par exemple pour accroître le nombre de clics vers le site, la reconnaissance, etc.

Promotion d'un profil Twitter professionnel : premières étapes

Nous vous recommandons d'agir graduellement, d'analyser les tendances et de les suivre. Ainsi, votre profil professionnel sera toujours intéressant pour vos abonnés. Veillez à la régularité de vos publications. Par exemple, les administrateurs du profil "Louis Vuitton" suivent cette règle :

La communication avec les utilisateurs est indispensable. Utilisez l'icône de réponse sur chaque tweet pour que votre commentaire soit vu par l'utilisateur et les autres abonnés.

Suivez les tendances. Elles ont une courte durée de vie sur Twitter, donc il faut agir vite ; autrement, vos actions embrouilleront les utilisateurs. Accompagnez ces tweets de hashtags tendances.

Utilisez des hashtags pertinents. Avec eux, vous pouvez attirer 2 fois plus d'abonnés. Placez le hashtag n'importe où dans la publication ; mettez juste un # devant le mot désiré.

Ajoutez des images aux tweets. Vous obtiendrez jusqu'à 18% de réponses en plus ainsi. Il est recommandé d'utiliser une taille de 1024x512 pixels et les formats JPG, GIF et PNG.

Dans les publications marketing que vous créez pour les médias et les autres réseaux sociaux, ajoutez un lien vers le le compte Twitter de l'entreprise. Cela pourrait aider d'autres clients à suivre votre marque ici.

Abonnez-vous à des pages intéressantes de votre catégorie. Twitter a le principe de "souscription mutuelle". Malheureusement, nous ne pouvons pas fournir de données spécifiques (les analystes n'ont probablement pas étudié ce domaine), mais ça marche vraiment.

Pour conclure...

C'est très facile de créer et de paramétrer un compte professionnel sur Twitter. C'est pratique d'y faire des communications et de gérer des campagnes publicitaires. Le réseau social est apprécié pour la concision de son contenu et la réaction rapide du public aux tendances. Nous vous avons fourni toutes les informations dont vous avez besoin pour démarrer d'un bon pied la communication avec votre public. Sautez le pas et attendez la troisième partie de notre article dédiée à la création et la promotion d'un compte professionnel sur Instagram.

7 étapes pour créer un profil LinkedIn puissant

Toutes les secondes, deux nouveaux comptes sont créés sur LinkedIn ! Cela signifie que chaque seconde qui passe, vous avez 2 nouveaux partenaires ou 2 nouveaux concurrents qui s'inscrivent sur cette plateforme, à la recherche d'un profil comme le vôtre ou essayant de vous voler la vedette.

Votre profil doit, dans tous les cas, les attirer ou leur damer le pion.

Voici 7 étapes pour créer un profil LinkedIn puissant qui vous aidera à remplir vos objectifs !

1. Uploader une couverture

La photo de couverture de votre profil Linkedin est un excellent moyen de vous mettre en valeur et de faire une bonne première impression. Une image vaut plus que 1000 mots, ne l'oubliez pas !

Lors de la conception de la bannière, choisissez un fichier JPEG, PNG ou GIF dont la taille est inférieure à 4MB.

Veillez à laisser de l'espace au bas de l'image, car la partie supérieure de votre profil a tendance à découper l'image.

2. Soigner la photo de profil

Votre profil LinkedIn est une manière de vous présenter à vos prospects ou futurs collaborateurs. Les gens sont plus rassurés lorsqu'ils peuvent mettre un visage sur les noms des personnes avec lesquelles ils font affaire.

Votre photo doit être à jour, claire, professionnelle et de préférence souriante. Si le costume 3 pièces n'est pas votre

genre, vous n'êtes absolument pas obligé d'en arborer un sur la photo.

Soyez juste présentable : un polo ou un t-shirt uni conviendront parfaitement.

4. Encourager la visite de vos liens

Linkedin vous propose de mettre le lien de votre "Site web personnel".

Saviez-vous que vous pouvez changer cette étiquette pour mieux promouvoir vos liens ?

Encouragez vos visiteurs à cliquer dessus en utilisant une forme interrogative ou un titre accrocheur. Par exemple, des formules comme "comment augmenter les bénéfices de votre entreprise", "les solutions pour vendre mieux" ou "découvrez le secret de la réussite" sont bien plus vendeuses que "site web personnel ou professionnel".

5. Rédiger le résumé

Le résumé est la section la plus importante de votre profil. Dès qu'un internaute est attiré par votre en-tête et votre titre, c'est vers cette partie qu'il se dirige pour en savoir plus sur vous.

L'essentiel à cette étape est d'inspirer confiance.

Permettez aux internautes de mieux vous connaitre en partageant avec eux votre histoire. Présentez votre parcours, comment vous avez débuté, ce qui vous a aidé à arriver là où vous êtes et ce que vous comptez faire pour aller encore plus loin.

Dans votre petite histoire, assurez-vous d'inclure vos principales réalisations, vos récompenses et même vos échecs, car cela donne un visage plus humain à votre profil.

6. Lister les compétences

Vous pouvez afficher jusqu'à 50 compétences, mais contentez-vous de 3, maximum 5. Dans le monde des affaires aujourd'hui, les consommateurs ne veulent traiter qu'avec des spécialistes. Et vous connaissez sûrement l'adage qui dit "bon en tout bon à rien"...

Énumérer trop de compétences ne joue donc pas en votre faveur. Sans compter que vous risquez d'attirer des prospects qui ne sont pas assez qualifiés.

Présentez uniquement vos principales compétences, celles dont vos clients ont le plus besoin et surtout, celles qui vous permettent de vous démarquer des autres profils.

7. Commencer à bloguer

Pour donner une dimension plus profonde à votre profil Linkedin et gérer votre image d'expert, publier des articles de blog sur la plateforme.

Devenir éditeur sur LinkedIn s'avère être un moyen puissant d'atteindre votre marché cible pour générer de nouveaux prospects. En effet, l'algorithme du réseau social s'attache à faire correspondre le sujet du blog avec les utilisateurs qui partagent un intérêt pour votre thème.

En respectant ces 7 étapes, vous ferez autorité sur Linkedin. Vous pourrez mieux remplir vos objectifs en générant plus de prospects !

4 6 COMMENT CREER UNE CHAINE YOUTUBE PROFESSIONNELLE POUR VOTRE ENTREPRISE

Chaque jour, des internautes du monde entier se rendent sur

YouTube pour y consulter des vidéos. Pourtant, rares sont les jeunes entreprises à avoir pris la peine de créer une chaîne YouTube. Et lorsqu'on sait que la plateforme ne cesse de gagner en popularité, il est dommage de ne pas sauter sur l'opportunité.

Dans cet article, vous découvrirez comment ouvrir une chaîne YouTube professionnelle parfaitement adaptée à votre entreprise et produire du contenu qui engage vos clients fidèles tout en vous permettant d'en attirer de nouveaux. Une stratégie de contenu judicieuse sur YouTube vous permettra de construire votre image de marque, de mettre en avant vos produits, et d'interagir avec votre audience de façon créative.

Apprendre à créer une chaîne YouTube, même pour les débutants n'est pas aussi difficile qu'il n'y paraît. Avec l'aide de ce guide en 12 étapes, vous allez pouvoir créer votre chaîne dès aujourd'hui et commencer à développer votre activité :

- Créez un compte YouTube
- Concevez le design de votre chaîne
- Renseignez votre profil
- Planifiez votre contenu
- Créez une bande-annonce pour votre chaîne
- Téléchargez votre première vidéo YouTube
- Optimisez vos vidéos pour la recherche
- Soyez cohérent
- Faites la promotion de votre chaîne YouTube
- Engagez-vous auprès de votre communauté
- Faites des publicités sur YouTube
- Comprenez vos résultats et optimisez votre chaîne

46.1 1. créez un compte YouTube

Pour créer une chaîne YouTube pour votre entreprise, vous devez commencer par vous connecter au compte Google que vous souhaitez utiliser pour gérer la chaîne.

Le fait de disposer d'un compte de marque pour gérer votre chaîne, plutôt que d'utiliser une chaîne personnelle, peut vous aider à évoluer plus facilement par la suite, car vous pourrez ainsi ajouter d'autres utilisateurs à votre compte de marque par le biais de leurs propres identifiants Google. Ainsi, plus besoin de partager votre mot de passe ou votre adresse e-mail !

Voici un bref aperçu des étapes de la création d'un compte de marque pour la chaîne YouTube de votre entreprise.

- Rendez-vous sur YouTube en vous connectant au compte Google que vous souhaitez utiliser pour gérer votre compte de marque, puis accédez à vos chaînes.

- À ce moment-là vous devriez voir votre compte personnel, tous les comptes de marque que vous gérez et l'option de création d'une nouvelle chaîne.

- Lorsque vous cliquez sur « Créer une chaîne », vous accédez à un écran permettant de créer un nouveau compte de marque. Choisissez un nom de chaîne pour votre nouveau compte de marque et cliquez sur « Créer ».

- Félicitations ! Vous êtes désormais l'heureux propriétaire d'une chaîne YouTube pour votre entreprise.

46.2 2. Configuration de votre chaîne YouTube d'entreprise

Maintenant que vous savez comment créer une chaîne YouTube pour votre marque, prenons le temps de la mettre en valeur. Voici quelques étapes simples que vous pouvez suivre pour donner à votre chaîne un aspect plus professionnel et faire en sorte que vos clients puissent vous reconnaître immédiatement.

- Le logo de votre chaîne

Lorsque vous démarrez une chaîne YouTube de zéro, le logo de votre chaîne est lié à la photo de profil de votre compte de marque.

En cliquant sur « Personnalisation », vous pourrez alors choisir de cliquer sur « Branding » et ainsi d'ajouter ou de modifier votre photo de profil.

Il est recommandé que votre photo soit un fichier JPG, PNG ou GIF non animé, enregistré en 98 x 98 pixels n'excédant pas les 4 Mo. Veillez également à ce qu'elle soit suffisamment visible même dans des tailles plus petites et à ce qu'elle soit coupée en format carré ou en cercle pour les multiples endroits où YouTube utilisera le logo de votre chaîne.

- **L'image de votre bannière**

L'ajout d'une bannière est un excellent moyen de mettre en avant la personnalité de votre marque et de créer une chaîne YouTube plus attrayante. La bannière de votre chaîne doit être inférieure à 6 Mo et mesurer au moins 2048 x 1152 pixels.

Conseil : Taler est un outil gratuit fourni par Shopify qui peut vous aider dans la création de votre bannière de chaîne YouTube.

YouTube vous donnera un aperçu de chaque image que vous chargez pour vous montrer la façon dont elle s'affichera sur différents appareils. Vous pouvez également modifier le recadrage de votre image.

- **Renseignez votre profil**

Rendez-vous sur l'onglet « Personnalisation ». Vous allez pouvoir personnaliser encore plus votre chaîne en choisissant par exemple d'ajouter une bande-annonce à votre chaîne.

Mais pour le moment, concentrons-nous sur un élément essentiel ; la description de votre chaîne.

Cliquez sur « Informations générales » et apportez une courte description de votre boutique, de vos produits et de votre mission. Gardez à l'esprit les principaux mots-clés de votre boutique en ligne et veillez à les utiliser dans la description de votre chaîne pour aider les internautes à vous trouver lorsqu'ils effectuent des recherches sur YouTube.

Veillez également à inclure votre adresse e-mail de contact, des liens vers vos comptes de réseaux sociaux et votre boutique en ligne, car ces liens peuvent être configurés pour apparaître au-dessus de l'image de votre chaîne et seront très visibles pour votre audience.

La plupart de vos liens n'afficheront par défaut que le favicon (la petite image qui apparaît en haut de votre navigateur), mais le premier lien de la liste affichera également le titre du lien, alors exploitez au maximum ces 30 caractères, comme l'a fait la marque Respire avec son appel à l'action « E-shop ».

- **Planifiez votre contenu**

À présent que votre chaîne est prête à fonctionner, il est temps de commencer à penser à vos vidéos ! Le contenu vidéo peut faire partie intégrante de votre stratégie de marketing de contenu. C'est un moyen remarquable de fournir à vos clients un contenu de qualité, instructif et divertissant qui les incite à revenir sans cesse vers votre marque.

De plus, YouTube est le deuxième plus grand moteur de recherche au monde, donc si vous optimisez vos vidéos pour qu'elles soient bien référencées, cela peut aussi être un excellent moyen d'entrer en contact avec de nouveaux clients qui sont à la recherche de ce que vous offrez.

Voici quelques-uns des différents types de contenu de qualité que votre entreprise pourrait proposer.

Un contenu instructif

De plus en plus de personnes se tournent vers YouTube pour apprendre de nouvelles choses. Preuve en est, les recherches de vidéos pratiques ne cessent d'augmenter, ce qui signifie que les entreprises ont de plus en plus de possibilités de conquérir de nouveaux publics en proposant du contenu éducatif lié à leurs produits.

Les vidéos qui enseignent de nouvelles compétences sont idéales pour instaurer la confiance avec votre public et le diriger avec finesse vers l'entonnoir de conversion.

Un récit de marque (storytelling)

Lorsqu'il s'agit de créer un contenu vidéo convaincant, il n'y a rien de plus efficace qu'une bonne narration. Les vidéos inspirantes qui correspondent à l'identité de votre entreprise sont parfaites pour attirer les clients dans votre univers.

Ces types de vidéos aspirationnelles doivent viser à créer un lifestyle autour de votre marque et à montrer aux clients que lorsqu'ils achètent vos produits, ils n'achètent pas seulement un objet, mais une expérience.

- Un contenu divertissant

Construire une stratégie YouTube autour de vidéos divertissantes qui répondent aux intérêts de votre public est l'un des meilleurs moyens de capter l'attention des spectateurs et de la focaliser par la suite sur vos produits.

5. Créez une bande-annonce pour les nouveaux visiteurs de votre chaîne

Lorsque vous créez une nouvelle chaîne YouTube, veillez à créer une bande-annonce convaincante. Une bande-annonce de chaîne est comme une bande-annonce de film. Elle est conçue pour donner aux gens l'envie d'en savoir plus sur votre chaîne.

La bande-annonce de votre chaîne est l'une des premières choses qu'un internaute verra après la présentation et la photo de profil de votre chaîne. Elle est diffusée automatiquement lorsque des personnes non abonnées visitent votre chaîne YouTube. Si elle est bien conçue, la bande-annonce de votre chaîne peut contribuer à transformer vos visiteurs en abonnés.

Vous pouvez configurer la bande-annonce de votre chaîne YouTube en 5 étapes :

Téléchargez la vidéo que vous souhaitez utiliser comme bande-annonce de votre chaîne.

Rendez-vous sur la chaîne où vous souhaitez ajouter votre bande-annonce.

Sélectionnez « Personnalisation »

Allez sur l'onglet « Disposition ».

Cliquez sur « Bande-annonce de votre chaîne pour les utilisateurs qui ne sont pas abonnés ».

Lorsque vous créez votre vidéo de bande-annonce, pensez à ce qui rend votre chaîne unique, à la personnalité de votre marque et aux raisons pour lesquelles les gens devraient s'abonner à votre chaîne. Il n'y a pas de recette miracle pour créer une bande-annonce de chaîne YouTube, mais commencez par essayer d'attirer l'œil de vos visiteurs dès les premières secondes. Et n'oubliez pas de terminer votre vidéo en leur demandant de s'abonner à votre chaîne.

- **Chargez votre première vidéo YouTube**

Maintenant que vous connaissez sur les bouts des doigts toutes les bases de la création d'une chaîne YouTube et que vous avez passé du temps à créer et à éditer votre contenu vidéo, il est temps de passer à l'action ! Accédez à votre chaîne et cliquez sur « Importer des vidéos ».

Une fois que vous aurez téléchargé votre première vidéo, vous pourrez modifier les détails de votre vidéo, en télécharger de nouvelles, gérer votre chaîne et développer votre communauté.

- **Optimisez le SEO de vos vidéos**

Pour que vos vidéos soient remarquées, il est essentiel de maîtriser le référencement naturel de votre chaîne YouTube. Chaque minute, 500 heures de vidéos sont téléchargées sur YouTube. Vous devez donc faire tout ce qui est en votre pouvoir pour sortir du lot.

Chaque élément qui constitue vos vidéos, du titre à la description en passant par les mots-clés, peut avoir un impact considérable sur la place qu'elles occupent dans les résultats de recherche. Voyons comment vous pouvez améliorer votre classement sur YouTube et vous mettre en avant auprès des spectateurs au moment où ils sont les plus enclins à regarder vos vidéos.

Les mots-clés

Avant de commencer à optimiser vos vidéos, vous devez déterminer les mots-clés sur lesquels vous allez vous concentrer.

Réfléchissez aux mots-clés que quelqu'un pourrait rechercher pour trouver votre vidéo et entrez-les dans un outil de planification des mots clés comme Keywords Everywhere, une extension Chrome gratuite. Il fonctionne directement dans la barre de recherche de YouTube et vous apporte des informations clés pour chaque recherche.

Les résultats de recherche suggérés peuvent également constituer une solide source d'inspiration pour de futures vidéos. C'est une bonne idée d'expérimenter avec des mots-clés et de construire votre futur contenu autour des termes de recherche populaires dans votre secteur.

- **L'engagement**

L'un des éléments les plus importants que YouTube prend en compte pour déterminer la qualité de votre vidéo est son engagement.

Encouragez votre audience à laisser un commentaire, à s'abonner, à partager ou à cliquer sur le bouton « J'aime » après avoir regardé la vidéo pour augmenter vos chances d'apparaître plus haut dans les résultats de recherche. Si vous voulez augmenter vos niveaux d'engagement, essayez d'organiser un jeu-concours. Les jeu-concours sont d'excellents moyens d'augmenter la participation des visiteurs et de créer un lien avec ces derniers.

Lorsque YouTube détermine votre classement, il prend également en compte le nombre de vues de votre vidéo. Pour augmenter le nombre de vues, assurez-vous de relayer vos nouvelles vidéos dans votre newsletter et sur vos réseaux sociaux.

- **Le format**

Le format de votre vidéo joue également un rôle dans votre classement général dans les moteurs de recherche. Bien que YouTube ne puisse pas « regarder » vos vidéos pour en déterminer le contenu, il examine quelques autres éléments.

Nom de fichier : Veillez à inclure vos mots-clés cible dans le nom du fichier que vous téléchargez ; YouTube y prêtera attention.

Durée : YouTube considère que les vidéos les plus longues ont une plus grande valeur. Essayez donc de les rendre aussi longues que possible, mais veillez à ce que le contenu reste intéressant, car le temps de visionnage est une autre mesure clé pour les classements de recherche. Si votre vidéo doit durer deux minutes, mais que vous l'avez étirée à 10 minutes et que les spectateurs abandonnent après une minute de visionnage, cela ne servira à rien.

Titre : le titre de votre vidéo doit être concis, descriptif et comporter votre mot-clé cible au début.

Description : plus la description est longue, mieux c'est. Ajoutez autant de contenu que possible : incluez un aperçu détaillé de tout ce que contient votre vidéo et toute ressource pertinente dont vos spectateurs pourraient avoir besoin. Vos mots-clés doivent également apparaître dans votre description, en veillant tout particulièrement à placer votre mot-clé principal dans la première phrase.

Balises : faites de votre mieux pour inclure vos mots-clés cible et quelques autres termes associés comme balises dans vos vidéos. Des outils comme Tube Buddy peuvent vous donner un aperçu des balises que vos concurrents utilisent sur leurs vidéos. Les balises peuvent également aider à déterminer si votre vidéo apparaît comme une vidéo suggérée. Par conséquent, taguer des concurrents et des personnes qui créent du contenu similaire au vôtre peut être une bonne utilisation des 500 caractères disponibles pour les balises.

- **Soyez cohérent**

Si vous souhaitez créer une chaîne YouTube qui contribue au développement de votre entreprise, considérez votre chaîne comme le foyer d'une série de vidéos cohérentes. Trop souvent, les chaînes YouTube peinent à se développer car elles ne sont utilisées que comme simple support où déposer des vidéos.

Les chaînes YouTube dont l'approche est cohérente augmentent le nombre de spectateurs. Vous le remarquerez probablement en parcourant le contenu de vos YouTubeurs préférés.

- **Faites la promotion de votre chaîne YouTube**

Il n'y a jamais eu de meilleur moment pour promouvoir une chaîne YouTube. YouTube est devenu le deuxième site le plus visité sur

Internet. Il est définitivement temps d'exploiter cette tendance !

Faites la promotion de votre chaîne YouTube sur vos autres réseaux afin de maximiser votre retour sur investissement sur YouTube. Vous pouvez promouvoir de nouvelles vidéos sur des réseaux sociaux comme Instagram (par le biais de posts et de Stories Instagram), Facebook ou TikTok, ou même vous associer à d'autres YouTubeurs pour augmenter la portée de votre contenu.

Si vous décidez de créer des tutoriels sur votre chaîne, vous pouvez les promouvoir sur votre boutique en ligne Shopify pour convertir les visiteurs de votre site. Avec une application Shopify comme Yottie, vous pouvez ajouter des listes de lecture à votre boutique Shopify et promouvoir des démonstrations de produits et d'autres contenus vidéo de votre chaîne YouTube. Si quelqu'un aime votre contenu, il peut alors s'abonner directement depuis votre site e-commerce.

Lorsqu'il s'agit de promouvoir une chaîne YouTube, vous pouvez expérimenter de nombreuses tactiques. Testez différents canaux où se trouve votre public et conservez ceux qui fonctionnent le mieux pour maximiser l'engagement et promouvoir votre chaîne YouTube auprès de nouveaux clients.

- **Interagissez avec votre communauté**

Votre travail de créateur YouTube ne s'arrête pas après la publication d'une nouvelle vidéo. Pour assurer le succès d'une chaîne YouTube, vous allez devoir interagir avec votre audience pour créer des conversations sur vos vidéos et obtenir plus d'abonnés YouTube.

Vous pouvez répondre aux commentaires des internautes (même les commentaires négatifs), poser des questions et y répondre, et « Aimer » les commentaires des internautes afin que ceux-ci puissent voir quels commentaires sont les plus importants à lire. Vous pouvez également sonder votre public pour savoir quel contenu il souhaite regarder afin d'augmenter le nombre de spectateurs, ce qui est essentiel si vous voulez agrandir votre communauté sur YouTube.

Plus vous vous engagez auprès de vos spectateurs, plus ils seront susceptibles de continuer à regarder votre contenu et à faire connaître votre chaîne YouTube.

- **Envisagez les publicités YouTube**

Accélérez la croissance de votre nouvelle chaîne grâce à une stratégie publicitaire efficace. En plus de promouvoir votre chaîne YouTube de manière organique, vous pouvez également investir dans des publicités YouTube pour atteindre et engager davantage d'internautes.

Avant de lancer une campagne publicitaire sur YouTube, assurez-vous de définir le public que vous souhaitez atteindre. Efforcez-vous de comprendre :

- **Qui voulez-vous atteindre ?**

Choisissez des publics spécifiques en fonction des données démographiques, de la langue et des intérêts. Par exemple, vous pouvez cibler les nouveaux papas de 28 à 40 ans qui s'abonnent à des chaînes de rénovation et regardent des vidéos de bricolage.

- **Sur quels sujets effectuent-ils des recherches ?**

Avec les publicités YouTube, vous pouvez atteindre les spectateurs qui recherchent des sujets spécifiques ou choisir la vidéo ou la chaîne sur laquelle vous souhaitez diffuser des publicités.

Où vivent-ils ?

Tenez compte de la localisation de votre public - pays, région, ville ou code postal. Vous pouvez également définir un emplacement personnalisé par rayon ou point d'intérêt.

Une fois que vous savez qui cibler, vous pouvez créer un budget et explorer différents formats publicitaires pour encourager les gens à engager davantage avec votre contenu.

N'oubliez pas que si les publicités YouTube sont utiles, elles ne doivent pas être le principal moteur de croissance. Elles doivent être associées à votre promotion organique pour maximiser votre visibilité et votre présence sur YouTube.

- **Analysez vos résultats et optimisez votre chaîne**

Une fois que votre chaîne YouTube est opérationnelle, vous allez devoir en suivre l'évolution. Voici quelques-unes des mesures disponibles dans YouTube Analytics :

Le temps de visionnage : l'estimation du temps passé à regarder votre contenu.

Les source de trafic : cela montre comment les gens trouvent vos vidéos en affichant les différentes sources de trafic et le nombre total de vues par source.

Les taux d'abonnés : le taux d'abonnés vous indique combien d'abonnés vous perdez ou gagnez sur une base vidéo par vidéo.

La rétention de l'audience : cela indique les moments exacts où les gens arrêtent de regarder votre vidéo. Vous pouvez utiliser ces informations pour savoir à quel moment vous avez perdu l'attention d'un spectateur et ce qui a pu le pousser à partir, ce qui vous aide à améliorer vos futures vidéos.

Les commentaires : dans votre tableau de bord YouTube Analytics, vous pouvez surveiller qui commente quelles vidéos afin de pouvoir répondre facilement et faire en sorte de montrer que votre marque est accessible et engageante.

Définissez votre vision du succès sur YouTube, puis traduisez-la en mesures pertinentes pour votre entreprise. Par exemple, si vous voulez savoir comment votre public cible s'engage avec votre contenu, vous pouvez regarder le temps de visionnage et voir combien de spectateurs se convertissent en abonnés.

Une chaîne YouTube de qualité atteindra de beaux objectifs selon votre stratégie. N'oubliez pas que vous devrez peut-être la peaufiner en cours de route. Passez en revue vos analyses chaque mois et voyez où vous pouvez apporter des améliorations durables aux performances de votre chaîne.

Conseils et astuces pour créer une chaîne YouTube

Après avoir couvert tous les points ci-dessus, vous devriez être en mesure de vous constituer un public et d'optimiser le potentiel de votre entreprise sur YouTube.

Cependant, si vous vous sentez un peu aventureux, nous avons rassemblé quelques astuces que vous pouvez utiliser pour augmenter le nombre de vos abonnés et générer plus de trafic sur votre boutique en ligne.

- **Ajoutez un filigrane**

Un filigrane est parfait pour ramener les nouveaux spectateurs sur votre chaîne et les encourager à s'abonner. Ces images personnalisables seront superposées à chacune de vos mises en ligne et offrent un moyen clair et facile pour les spectateurs de s'abonner, ce qui leur permet d'être informés facilement de vos nouvelles vidéos (et d'augmenter votre nombre d'abonnés par la même occasion !).

Pour ajouter un filigrane à vos vidéos, consultez la page de votre chaîne et cliquez sur « Personnalisation », puis « Branding ». Vous pourrez ensuite importer votre filigrane.

- **Activez une demande d'abonnement automatique**

Il est important non seulement de diriger les internautes vers votre chaîne YouTube, mais aussi de les encourager à s'abonner.

Si vous disposez déjà d'une communauté, dans votre liste d'e-mailing ou sur les réseaux sociaux, vous pouvez leur faciliter l'abonnement à votre chaîne. Lorsque vous faites la promotion de votre chaîne avec un appel à l'action « Abonnez-vous à notre chaîne », ajoutez "? sub_confirmation=1" à la fin de l'URL de votre chaîne et une fenêtre contextuelle apparaîtra automatiquement pour inviter les visiteurs à s'abonner.

- **Reliez les fiches à votre boutique en ligne**

Si votre compte fait partie du programme de partenariat YouTube, ce qui signifie que vous avez au moins 1 000 abonnés et 4 000 heures de visionnage au cours de l'année écoulée, vous pouvez ajouter des fiches (ou annotations) à vos vidéos qui renvoient à des sites Web externes. Si vous avez une boutique en ligne Shopify et que vous faites partie du programme de partenariat YouTube, vous pouvez utiliser des cartes pour relier votre audience directement à votre boutique en ligne et acheter les articles présentés dans vos vidéos.

- **Utilisez efficacement les écrans de fin**

Lorsque les spectateurs regardent une vidéo jusqu'à la fin, assurez-vous qu'ils ne partent pas sans s'abonner à votre chaîne. YouTube vous facilite la tâche avec des éléments d'écran de fin que vous pouvez superposer aux 20 dernières secondes de votre vidéo. Vous pouvez ajouter d'autres vidéos, un bouton d'abonnement ou un lien vers une autre chaîne pour maintenir l'intérêt des spectateurs. C'est important car l'algorithme de YouTube récompense à la fois le temps de visionnage total et la durée pendant laquelle vous gardez les internautes sur la plateforme.

- **Voici comment configurer votre écran de fin**

Sélectionnez une de vos vidéos que vous souhaitez éditer.

Cliquez sur « Fiches », puis sélectionnez le type de fiche que vous souhaitez ajouter.

Sélectionnez la vidéo, la playlist, la chaîne ou le lien de votre choix.

Sous la vidéo, définissez le moment où la fiche doit apparaître à l'écran.

Ajoutez un message et un texte d'accroche.

Si vous avez bien suivi toutes ces étapes, pas de doute, vous allez développer votre activité sur YouTube en un rien de temps. Vous avez d'autres questions sur la création de votre chaîne YouTube ? Faites-nous en part dans les commentaires ! Nous serons ravis de vous aider.

Artistes ! Nos conseils pour créer votre site Internet

47 POURQUOI AVOIR UN SITE INTERNET EN 2022 ?

En 2022 le web marketing est incontournable, et avoir un site internet qui vous rapporte est plus facile que jamais. En 2022 toutes les entreprises ont besoin d'être visibles et disponibles sur internet pour rassurer et pour chercher de nouveaux clients.

Peintres, sculpteurs, photographes, illustrateurs, mosaïstes ou calligraphes… En cette période difficile pour les artistes, avoir sa propre vitrine sur Internet est plus qu'essentiel. Mais comment se

retrouver dans la jungle du web ? Voici quelques conseils pour se lancer sans s'emmêler les pinceaux !

1. Hiérarchiser vos informations

Qu'allez-vous dire dans votre site ? Cela peut paraître bête, mais la première chose à faire est de construire un plan. Afin de rendre la navigation souple à ceux qui viendront visiter votre page, ne multipliez pas les entrées... Portfolio, biographie, expositions, blog... Choisissez vos thèmes mais restez légers ! Pour commencer, pas plus de cinq onglets. Que vous soyez peintre, sculpteur ou illustrateur, vous pouvez faire confiance aux spécialistes des sites pour artistes tels que « Site pour Artistes », en vous laissant guider pas à pas. Si vous souhaitez vendre en ligne, sachez qu'il existe aussi des solutions clés en main.

2. Faîtes le tri !

Même si toute votre œuvre peut vous paraître essentielle, il est indispensable de faire le tri dans vos images de créations. Là, pas besoin de compétences informatiques ! Si votre carrière est très longue ou fournie, posez-vous la question : qu'est-ce qui est vraiment pertinent pour illustrer telle ou telle période ? Et si vous deviez ne retenir qu'une œuvre sur les cinq dernières années ? Pensez aussi à organiser vos projets ou collections. Dans ce cas, deux solutions : thématique ou chronologique ? Pas de scrupules : en ayant fait des choix, vous augmentez vos capacités à pouvoir être vu sur votre site et donc plus accessible... Autant de chances de capter l'attention des internautes et de les retenir grâce à des pages plus légères !

3. Soignez votre biographie

Racontez-vous. Votre parcours, votre vision du métier, vos projets en cours, à venir ou passés... Sans être trop bavarde, cette présentation doit être suffisamment longue. Si vous avez participé à des expositions en solo ou collectives, un petit CV rétrospectif en bonus peut s'avérer utile. Si prendre la plume n'est pas votre fort, confiez l'écriture de ces contenus à un rédacteur(rice) expérimenté(e). Ces derniers sauront comment générer du trafic en boostant votre référencement (SEO) en utilisant les bons mots clés qui augmentent votre visibilité.

4. Être responsable c'est être « responsive » !

Ordinateurs, tablettes, smartphones… Il faut qu'on puisse vous lire sur tous ces supports. Un site sérieux aujourd'hui ne peut se passer d'une solution « full responsive », telle que le propose « Site pour Peintres », qui veille à ce que vos beaux diaporamas et autres pages soient accessibles à partir de n'importe quel matériel. C'est autant de clicks assurés ! Et pour mettre toutes les chances de votre côté, intégrez à vos contenus les réseaux sociaux, Facebook, Twitter… et surtout Instagram, en tête des vitrines de l'image où s'échangent chaque jour des millions de clichés. Encourager les visiteurs à partager vos contenus, c'est augmenter votre visibilité.

5. Soyez vigilants : protégez vos œuvres !

Photographes, ne prenez pas le risque de vous faire voler vos clichés ! C'est le principal casse-tête des professionnels de l'image au moment de créer un site Internet. Pensez donc à redimensionner toutes vos images avant de les publier (pour éviter toute tentation de reproduction…) et à les marquer d'un copyright. Fastidieux ? Pas satisfaisant ? Tournez-vous vers des solutions clés en main – ainsi, tous vos fichiers seront stockés en illimité et surtout sécurisés. Le clic-droit et glisser-déposer sont par exemple rendus totalement impossibles aux internautes. Un soulagement !

6. Comment choisir un constructeur de site Web pour les artistes.

Un artiste à la recherche d'un constructeur de site Web doit d'abord décider ce qu'il veut de son site Web. Le site Web d'un artiste peut être un portfolio en ligne, une boutique d'art ou les deux, mais différents créateurs de sites Web sont mieux adaptés à des fins différentes.

Il y a plusieurs éléments clés à rechercher dans le choix d'un constructeur de site Web. Tout d'abord, les artistes voudront examiner la sélection et la qualité des modèles disponibles et la facilité avec laquelle ils peuvent être personnalisés. Ils voudront également examiner quels outils et fonctionnalités sont disponibles et si le constructeur offre une aide pour l'optimisation des mots clés.

Enfin, les artistes voudront considérer le prix du site Web. Cela ne vaut pas la peine d'investir beaucoup d'argent dans un site Web s'il ne génère pas de revenus en conséquence. Les utilisateurs peuvent obtenir beaucoup gratuitement, mais il y a aussi des choses qui valent la peine d'être payées plus cher.

7. Modèles de page Web

Il est juste de dire que la plupart des artistes ne sont pas également des concepteurs de sites Web. Il est donc essentiel de disposer d'un large choix de modèles de démarrage. Les modèles offrent aux utilisateurs un point de départ pour les aider à visualiser leur site Web et à commencer à le créer, qu'ils peuvent ensuite personnaliser au fur et à mesure.

Chaque créateur de site Web inclut une sélection de modèles de démarrage à son plan tarifaire le plus bas, qu'il soit gratuit ou très peu coûteux. Certains incluent tous les modèles à leur prix le plus bas, et d'autres vous en offrent plus à des niveaux d'abonnement plus élevés. Mais plus n'est pas nécessairement toujours mieux quand il s'agit de modèles.

Trop de modèles peuvent être intimidants à trier, surtout s'il n'existe aucun moyen intuitif de les trier et de les filtrer par fonctionnalité. Les artistes ont un ensemble de besoins très particuliers lors de la création d'un portefeuille en ligne ou d'une boutique de commerce électronique, et tous les modèles ne conviendront pas. Une sélection plus petite de modèles dans l'ensemble vaut mieux qu'une vaste collection ingérable qui est pratiquement inutilisable.

8. Facilité d'utilisation

Un constructeur de site Web aide les personnes sans expérience de codage à créer un site Web à partir de zéro. Cependant, il existe de nombreuses variations entre les créateurs de sites Web en termes de facilité d'utilisation. Par exemple, certains permettent une personnalisation pratiquement illimitée, y compris le glisser-déposer librement d'éléments sur la page.

Malheureusement, ce niveau de liberté a ses conséquences car il laisse beaucoup de place à l'erreur. Les utilisateurs moins férus de technologie peuvent involontairement chevaucher des éléments qui peuvent sembler corrects sur une vue de bureau mais rendre le site mobile complètement inutilisable. Certains créateurs de sites Web évitent ce problème en forçant les objets à s'aligner sur une grille, tandis que d'autres ne vous permettent pas du tout de modifier la mise en page.

Malheureusement, plus un créateur de site Web est facile à utiliser, moins les utilisateurs disposent d'options de personnalisation. Quelques rares constructeurs de sites combinent facilité d'utilisation et personnalisation illimitée, mais les utilisateurs doivent presque toujours payer des frais d'abonnement plus élevés pour cela.

Un autre facteur qui contribue à la facilité d'utilisation est l'hébergement de domaine. Les créateurs de sites Web incluent souvent un sous-domaine générique (comme dans www.weebly.com/yoursitehere) avec des plans d'abonnement gratuits ou d'entrée de gamme. La plupart incluent un domaine de premier niveau personnalisé (comme dans www.yoursitehere.com) avec un plan payant, mais certains ne l'offrent pas avant des niveaux d'abonnement plus élevés, et certains n'en offrent pas du tout.

Si un créateur de site Web ne propose pas de domaine personnalisé, il peut se connecter à celui que vous possédez déjà. Cela nécessite généralement un peu de maîtrise de la technologie, de sorte que les utilisateurs sans une base décente de connaissances Web peuvent vouloir s'en tenir aux constructeurs de sites qui incluent le domaine. Avoir un site Web de portfolio n'est d'aucun avantage pour un artiste si ses abonnés ne peuvent pas le trouver pour commencer.

9. Outils et fonctionnalités du créateur de site Web

Cette catégorie est difficile à quantifier car tout dépend de ce que l'artiste espère retirer de son site web. Différents constructeurs de sites Web se concentrent sur différentes priorités, donc choisir le meilleur se résume souvent aux fonctionnalités dont un artiste a besoin et qu'il souhaite.

Les meilleurs constructeurs de sites Web de portfolio pour artistes accordent la priorité à la possibilité d'afficher des images haute résolution. Cela permet aux visiteurs du site Web de regarder les photos de la page dans leurs détails d'origine. Les sites Web sans cette fonctionnalité peuvent afficher une qualité d'image médiocre, ce qui est un facteur décisif pour de nombreux artistes.

Si l'objectif principal de l'artiste dans la création du site Web est de vendre son travail, il peut préférer les créateurs de sites Web dotés de nombreux outils de commerce électronique. Les photographes, en particulier, voudront rechercher des galeries d'épreuves, qui leur permettent de partager leurs photos en filigrane avec des clients pour les aider à effectuer un achat, et des générateurs de contrats.

Certains créateurs de sites Web proposent des fonctionnalités de newsletter et d'autres outils de gestion d'entreprise, mais tous les artistes n'en auront pas besoin. De nombreux artistes veulent juste un endroit où les gens peuvent trouver leur travail en ligne, et pour ceux-là, même les créateurs de sites Web les plus élémentaires peuvent y parvenir.

10. Optimisation des moteurs de recherche (SEO)

L'optimisation des moteurs de recherche (SEO) est essentielle pour attirer du trafic organique vers la boutique en ligne et le portfolio d'un artiste. Les internautes à la recherche d'une œuvre d'art ou d'un style particulier utiliseront les moteurs de recherche pour les diriger vers ce qu'ils recherchent. L'optimisation des moteurs de recherche utilise des mots clés et des éléments structurels pertinents pour faire apparaître un site Web particulier plus tôt que d'autres sites dans les résultats de recherche.

Par exemple, un sculpteur abstrait voudrait inclure l'expression « sculpture abstraite », bien sûr. Mais un amateur d'art à la recherche d'une sculpture surréaliste à l'aide d'un moteur de recherche ne trouverait pas la page de cet artiste à moins d'inclure également ce mot-clé. L'optimisation des moteurs de recherche garantit que le texte d'un site Web répond à autant de requêtes de recherche pertinentes que possible.

Qu'est-ce qu'un constructeur de site Web a à voir avec l'optimisation des moteurs de recherche ? Beaucoup, comme il s'avère. Certains créateurs de sites Web incluent des outils de référencement tels que des générateurs de mots clés et même des rédacteurs artificiellement intelligents (IA) pour aider les artistes à optimiser leur contenu. Rédiger des descriptions de produits utiles et des articles de blog informatifs est plus facile avec des outils comme ceux-ci.

À l'autre extrémité du spectre se trouvent les délinquants. Non seulement ces fournisseurs manquent d'outils de référencement, mais ils rendent activement l'optimisation plus compliquée qu'elle ne le serait avec un autre fournisseur. Certains constructeurs de sites Web n'autorisent pas les utilisateurs à créer une page de blog, ce qui est un énorme inconvénient.

Les blogs sont la partie la plus simple et la plus efficace d'un site Web pour optimiser le trafic des moteurs de recherche. Un portfolio d'artistes sans fonctionnalité de blog rend pratiquement impossible pour les internautes organiques de trouver ce portfolio. Ce n'est pas un problème si l'artiste a une présence importante sur les réseaux sociaux qui peut attirer ses abonnés sur le site, mais c'est un gros problème s'il ne le fait pas.

11. Tarification

Ils disent que vous en avez pour votre argent, mais les artistes peuvent générer un portefeuille en ligne et une boutique en ligne robustes pour vendre leur art gratuitement ou à peu près. Au bas de l'échelle des prix, certains créateurs de sites Web proposent un site Web entièrement gratuit. Cependant, tous les plans gratuits ne sont pas créés égaux, bien qu'ils aient tous des moyens d'encourager les utilisateurs à effectuer une mise à niveau.

Par exemple, ceux qui ont un plan d'abonnement gratuit affichent généralement leur logo sur le site Web, ce que la plupart des artistes n'aiment pas. (Certains, comme Weebly, incluent même leur logo sur leur abonnement le moins cher, obligeant les utilisateurs à passer à des forfaits plus chers pour supprimer la marque.) D'autres offriront un nombre limité de modèles ou de fonctionnalités sur leurs plans gratuits.

Certains créateurs de sites Web n'offrent pas du tout de version gratuite, mais la plupart proposent un essai gratuit, généralement d'environ deux semaines. Cela permet aux artistes d'explorer les fonctionnalités du créateur de site Web pour décider si cela fonctionnera pour eux. Cependant, les utilisateurs doivent être conscients que les essais gratuits dépendent souvent fortement des fonctionnalités disponibles uniquement dans les abonnements de premier niveau.

Il existe un large éventail de fonctionnalités et de services parmi les abonnements payants qui sont inclus à différents niveaux. Certains créateurs de sites Web offrent plus de stockage, de pages ou de listes de produits à des niveaux d'abonnement plus élevés. D'autres proposent un commerce électronique nominal à des niveaux inférieurs, mais nécessitent un abonnement plus coûteux pour gérer plus de quelques transactions.

Enfin, comme dans la section sur la facilité d'utilisation ci-dessus, certains incluent un domaine générique ou personnalisé dans le prix de l'abonnement, tandis que d'autres exigent que les utilisateurs l'obtiennent ailleurs. Des coûts cachés comme ceux-ci peuvent s'additionner et doivent être pris en compte lors de l'évaluation des meilleurs créateurs de sites Web d'artistes.

Les meilleurs constructeurs de sites Web d'artistes sur le marché aujourd'hui

Voici notre liste des meilleurs créateurs de sites Web pour les artistes, qu'ils cherchent à créer un portfolio, à vendre leur travail en ligne ou les deux.

12. Meilleur hébergeur web, le comparatif 2022

Quel est le meilleur hébergeur web en septembre 2022 ? En

matière d'hébergement web, il n'y a pas de solution toute faite qui correspond à tous les usages. Les hébergeurs web regorgent d'offres et d'outils pour développer, administrer ou monitorer ses sites internet. En fonction du projet visé, on trouve quatre types de solutions sur le marché : des hébergements mutualisés (plus répandus car moins chers), des serveurs dédiés, des VPS (serveurs virtuels privés) et des solutions permettant de développer un Cloud pour stocker vos données (mise à jour le 20 septembre 2022).

CLASSEMENT DU MEILLEUR HEBERGEMENT WEB 2022

Hostinger

LWS

O2Switch

OVH

Scaleway

Ikoula

Hostpapa

Amen

IONOS

PlanetHoster

Comment choisir le meilleur hébergeur web ? La plupart des utilisateurs choisiront leur hébergement en fonction des performances attendues et du budget alloué au projet. Chaque solution présente des avantages et des inconvénients, et toutes n'offrent pas les mêmes fonctionnalités.

Pour trouver la « solution idéale » plusieurs critères seront importants, en particulier le tarif, les compétences techniques et les services associés. Un coup d'œil sur les promotions et tarifs spéciaux du moment pourra parfois également faire pencher la balance entre deux services relativement équivalents.

1. Hostinger : le meilleur hébergeur en 2022

Hostinger coche beaucoup de cases, à commencer par l'exhaustivité de ses offres ainsi que ses tarifs attractifs, bien que pas toujours très clairs au premier abord. Il figure en tête des meilleurs hébergeurs les plus performants du marché. Autre avantage, il dispose désormais de serveurs en France.

Hostinger est un hébergeur basé en Lituanie, où se trouve son siège social et l'un de ses centres de données. Il dispose de datacenters au Pays Bas, au Royaume-Uni, en Indonésie, aux Etats-Unis à Singapour ou encore au Brésil. Depuis peu, l'hébergeur dispose de serveurs sur le sol français. Hostinger est tout simplement l'un des hébergeurs les plus rapides du marché, à en juger par les données de Bitcatcha.

Les centres de données ont reçu la certification de niveau Tier VI, c'est-à-dire qu'ils offrent un taux de disponibilité de 99,995%. Notons que tout l'équipement de refroidissement est à double alimentation indépendante, et que cet hébergeur a considérablement amélioré son infrastructure de réseau. Dans un proche avenir, ils mettront également à niveau le réseau de leur bâtiment américain et passeront à un réseau entièrement redondant pour réduire au minimum les interruptions lors des mises à niveau de leurs clients. C'est pour nous le meilleur hébergeur web.

Hostinger : offres d'hébergement web

Hostinger se positionne sur tous les fronts avec une gamme d'offres particulièrement riche répondant à tous les usages, professionnels comme particuliers. On retrouve aussi des solutions d'hébergement mutualisé, des souscription adaptées à Minecraft ou encore des VPS.

L'hébergeur pratique des tarifs agressifs, avec très souvent des promotions d'une durée d'un an. Attention toutefois : comme bien d'autres hébergeurs, il n'hésite pas à mettre en avant des prix indexés sur une période d'engagement. Pour autant, Hostinger dispose d'une très bonne réputation internationale, notamment grâce à un support client multilingue en 24/7 avec un temps de réponse moyen de 2 minutes.

Hostinger accepte les paiements par cartes de crédit, PayPal ou crypto-monnaies (bitcoins, Ethereum, BDG).

Hostinger : l'offre gratuite

Il est possible de tester l'hébergement gratuit 000Webhost, lequel a précisément fait connaître cet hébergeur. 1 Go de stockage dynamique est ainsi mis à disposition avec une base de donnée permettant par exemple d'installer une instance de Wordpress.

2. LWS : meilleur hébergeur web niveau rapport qualité / prix

LWS coche toutes les cases. L'hébergeur possède des serveurs en France, les tarifs sont clairs, les offres sont solides et les performances sont au rendez-vous. LWS répondra aux besoins de tout le monde.

LWS offre deux avantages particulièrement intéressants : d'une part, il s'agit de l'hébergeur web le moins cher du

marché ; d'autre part, c'est un hébergeur française. Vos données personnelles seront donc dans l'Hexagone : les centres de données, certifiés de niveau Tier IV, sont fournis par Equinix et Adista.

L'hébergeur affirme utiliser des infrastructures optimisées consommant jusqu'à 70% d'énergie en moins. On retrouve ainsi des serveurs de dernière génération refroidis à 26 °C, des CPU avec auto-régulation turbo boost, des centres de données avec un PUE (indicateur d'efficacité énergétique) très bas, des ajustements automatiques de la climatisation, ainsi que des équipements fournis par Schneider Electric.

LWS : offres d'hébergement web

A l'instar de Hostinger, LWS mise sur une gamme d'abonnements très exhaustive. On retrouve des hébergements sur Linux ou Windows et des offres spécifiquement conçues pour différents CMS, qu'il s'agisse de Wordpress, Joomla, Drupal, Prestashop ou encore Magento. LWS dispose également d'une large gamme de serveurs dédiés, cloud ou VPS ainsi que des services périphériques pour optimiser le référencement ou créer le design d'un site web. C'est le meilleur hébergeur web pour qui chercher avant tout un bon compris performance / budget.

Niveau tarifaire, difficile de faire mieux sur le rapport qualité, rapidité, fiabilité et prix. D'autant que tous les hébergements sur serveurs cloud sont garantis 100% satisfaits ou remboursés pendant 30 jours et les forfaits sont résiliables à tout moment en un clic et sans justificatif. Si l'hébergeur peut se permettre ce genre de tarif, c'est parce qu'elle n'investit pas dans ses propres centres de données, qui restent gérés par des tiers. LWS accepte les cartes bancaires, virements bancaires, PayPal, Skrill.

LWS : l'offre gratuite

Il est possible de tester gratuitement les performances offertes par LWS. Au dépôt d'un nom de domaine, l'hébergeur web met à disposition 2 Go d'espace statique pour y héberger des médias et des fichiers HTML avec en prime un certificat SSL de Let's Encrypt.

3. O2Switch : l'offre intermédiaire de référence

Si vous n'êtes plus débutant et cherchez à migrer votre site Web vers une offre techniquement un peu plus évoluée mais pas trop chère, O2Switch est fait pour vous. Les performances sont correctes mais surtout l'infrastructure vous donnera carte blanche avec la prise en charge non seulement de PHP mais aussi Perl, Ruby, NodeJS ou Python

Les serveurs de l'hébergeur français O2Switch sont localisés à Clermont-Ferrand et sont certifiés de niveau Tier III+/IV.

En termes de politique éthique, O2Switch avance une maximisation du ratio matériel/performances avec un renouvellement régulier des composants. Le parc est ensuite recyclé ou donné au monde associatif ou éducatif. L'éthique est un point important dans votre quête du meilleur hébergeur web ? O2Switch est probablement la bonne alternative.

Pour éviter les pertes dans le traitement énergétique, l'hébergeur fait usage d'onduleurs Eaton. Le rendement passe ainsi à 95/100 % contre 80/85 % pour des onduleurs « classiques ». Soulignons également que les bâtiments disposent d'un système 100 % free cooling exploitant le froid extérieur pour refroidir les salles lorsque la climatisation n'est pas nécessaire.

O2Switch : offres d'hébergement web

L'hébergeur O2Switch mise sur la simplicité tout en souhaitant répondre aux besoins du plus grand nombre. En effet, il ne cible ni les novices, ni les utilisateurs aguerris. Si aucune offre gratuite n'est proposée, on retrouve une solution unique avec presque tout en illimité (espace disque illimité, trafic illimité, comptes FTP illimités, sous-domaines illimités...).

Les utilisateurs bénéficieront d'un support technique disponible 24/7 pour tous types d'incidents y compris ceux qui ne dépendant pas de l'hébergeur (erreur de webmastering, configuration de sites...).

O2Switch accepte les paiements par cartes bancaires, PayPal et virements bancaires.

4. OVH : le leader européen de l'hébergement web

OVH ne propose que 10 Mo de stockage gratuit avec un nom de domaine et c'est probablement pour vous inviter à prendre son offre d'entrée de gamme au prix attractif. Cet hébergeur dispose de centres de données en France et cela se traduit par de bonnes performances

L'hébergeur français OVH se présente comme le leader du cloud sur le Vieux Continent et souhaite offrir une alternative européennes au GAFA. Cet hébergeur gère ses propres serveurs basés en France, dont le plus tristement connu reste certainement celui de Strasbourg suite à l'incendie qui a ravagé un bâtiment et rendu un autre inopérant durant plusieurs jours début 2021.

Les serveurs d'OVH sont classés en Tier III et IV, mais il est probable que ce chiffre soit drastiquement revu à la baisse pour l'année 2021.

OVH : offre d'hébergement web

Côté tarifaire, l'hébergeur OVH se montre particulièrement compétitif. Si l'hébergeur ne propose pas de stockage gratuit (nous ne compterons pas les 10 Mo statiques associés à un nom de domaine), il affiche un tarif d'entrée de gamme agressif sur son offre perso, laquelle est très complète avec le déploiement de CMS en un clic, la possibilité d'installer plusieurs sites sur une même offre (multisites), des certificats SSL inclus, ou la possibilité d'installer des bases de données additionnelles.

L'offre d'OVH est globalement très exhaustive auprès des particuliers comme des professionnels. L'incendie de mars 2021 a toutefois révélé quelques failles qui ont mis à mal les services de plusieurs entreprises : si OVH procédait à des sauvegardes régulières, ces dernières étaient effectuées sur le même site ; elles ont donc été également détruites.

OVH prône le respect de l'individu et des libertés, ainsi que l'égalité des chances d'accès aux nouvelles technologies. Cet hébergeur a développé son propre processus de refroidissement des serveurs qui permettrait de réduire considérablement la consommation énergétique des data centers.

OVH accepte les paiements par cartes bancaires et prélèvements IBAN.

5. Scaleway : l'hébergement par Free

Chez Scaleway vos données seront hébergées sur le sol français et c'est un bon point. On apprécie également les efforts écologiques mis en place pour la gestion des serveurs.

Les performance retournées par Bitcatcha sont satisfaisantes. Si vous recherchez un VPS ou un serveur dédié, Scaleway est un incontournable parmi les prestataires français.

L'hébergeur web Scaleway est géré par la maison mère de Free SAS. Il dispose donc de centres de données en France, dans la région parisienne. Ils sont certifiés niveau Tier III. Pour ces derniers, l'hébergeur met en avant ses efforts dans la mise en place d'une système de refroidissement dit « Adiabatic cooling » permettant de réguler la température des data centers de manière naturelle.

Scaleway : offres d'hébergement web

L'hébergeur Scaleway cible principalement les entreprises nécessitant une plateforme cloud. Les offres d'hébergement, sans doute bien moins rentables, ne sont véritablement pas mises en évidence. En revanche, ces dernières ont le mérite d'être claires et sans complexité relative à une période d'engagement.

Peut-être un peu moins bien positionné sur l'hébergement Web classique et plus axé technique, on choisira davantage Scaleway pour ses offres VPS et serveurs dédiés répondant déjà à des besoins différents. Sur ce secteur, l'hébergeur jouit d'ailleurs d'une réputation internationale avec une présence dans 160 pays.

Scaleway accepte les paiements par cartes bancaires, PayPal, ou virements bancaires.

6. Ikoula : le cloud gaulois

Ikoula rivalise avec les hébergeurs web étrangers sur l'exhaustivité de ses offres et notamment en ce qui concerne son catalogue de VPS ou de serveurs dédiés. D'ailleurs, il est intéressant de pouvoir tester un NAS Synology ou un Raspberry Pi à distance.

Bien que localisé en France, les performances d'Ikoula restent moyennes. il n'en reste pas moins que le cloud gaulois pourra vous accompagner sur tous vos projets.

Ikoula se présente comme le cloud gaulois. Pionnier sur ce secteur, l'hébergeur fête cette année ses 20 ans d'existence. L'hébergeur met en avant une équipe qualifiée disponible 24/7 ainsi qu'une offre combinant gestion de l'infrastructure et infogérance (chaque client dispose d'un interlocuteur attitré).

Les centres de données d'Ikoula sont localisés à Reims et à Eppes. Cet hébergeur n'a pas de certification en raison d'une infrastructure techniquement très différente des standards de l'Uptime Institute. Ses data centers sont néanmoins équivalents à un Tier II pour Reims et à un Tier III pour Eppes.

Ikoula contribue activement à différentes organisations comme l'EuroCloud France, l'association CISPE (Cloud Infrastructure Services Providers in Europe) et l'Open Cloud Foundation. Face aux mastodontes américains, cet hébergeur s'engage en faveur d'un cloud européen ouvert, interopérable, responsable et compétitif.

Ikoula : offres d'hébergement web

L'hébergeur Ikoula n'a rien à envier à la concurrence avec une large gamme de solutions d'hébergement couvrant tous les besoins. On apprécie également l'originalité de certaines offres, comme la mise à disposition d'un NAS Synology ou d'un Raspberry Pi à distance. Notons également une offre de sauvegarde et synchronisation purement française, et la solution mail Zimbra plus complète que le traditionnel Roundcube.

Si l'hébergeur ne propose pas de stockage gratuit, la première souscription incluant un nom de domaine commence aux alentours de 25 euros/an.

7. Hostpapa : une offre d'entrée de gamme solide

HostPapa propose une offre d'entrée de gamme très riche avec stockage SSD et 25 bases MySQL. les performances retournées par BitCatcha sont excellentes. On regrette toutefois les pratiques commerciales abusives et trompeuses de l'hébergeur.

Spécialisé dans les solutions d'hébergement web illimitées à des tarifs attractifs, Hostpapa est un hébergeur francophone basé au Canada. Cet hébergeur possède des centres de données alimentés grâce à des énergies renouvelables. Ces derniers sont localisés au Canada, en Californie ainsi qu'à Amsterdam. Pour améliorer la qualité du trafic dans les différentes régions du monde, l'entreprise fait usage de systèmes de CDN (Content Delivery Network ou réseau de diffusion de contenus).

Hostpapa est pionnier en matière de pratiques éco-responsables. L'hébergeur dit être l'un des premiers hébergeurs à avoir basculé vers une infrastructure plus respectueuse de l'environnement en achetant une énergie 100 % verte et renouvelable pour alimenter ses centres de données, serveurs web, ordinateurs de bureau, ordinateurs portables et locaux administratifs.

Si les performances sont au rendez-vous, on s'interroge sur la disponibilité de ses serveurs. L'hébergeur revendique un taux d'accès de 99,9%. Cela pourrait correspondre soit à une certification Tier III (99,982%) ou Tier IV (99,995%) avec respectivement 96 ou 25 minutes d'inaccessibilité annuelle.

Hostpapa : offres d'hébergement web

Hostpapa cible plutôt le marché des PME. C'est probablement la raison pour laquelle l'hébergeur se permet de pré-cocher des options faisant très vite grimper la facture.

Plus que l'exhaustivité, Hostpapa jour la carte de la qualité avec par exemple une consultation téléphonique gratuite de 30 minutes avec un expert. Point non négligeable pour les professionnels : le service de messagerie de base est offert, tout comme la messagerie avancée de Google WorkSuite ou Microsoft Office 365.

HostPapa accepte les paiements par cartes de crédit et PayPal.

8. Amen : la solution tout-en-un des entreprises

Amen cible davantage les PME que les particuliers, et cela se ressent sur ses offres. L'hébergeur prendra par la main n'importe quelle entreprise souhaitant amorcer ou enrichir sa présence en ligne. En revanche, pour le particulier, d'autres hébergeurs proposeront des tarifs et des options plus intéressants.

La société française Amen est également un hébergeur historique de la Toile. Au fil des années, il s'est recentrée vers des offres à destination des professionnels.

Amen ne dispose pas de data centers en France. Ceux-ci sont localisés à Reading (Angleterre), Milan (Italie) et Faro (Portugal). Ils sont classés de niveau Tier III avec une garantie de disponibilité de 99.982 % et 1,6 heure d'indisponibilité maximale par an en moyenne.

Amen n'a pas de politique éthique ou écologique particulière mais communique sur la sécurisation de ses serveurs avec une équipe disponible 24/7.

Amen : offres d'hébergement web

Du dépôt du nom de domaine à l'hébergement en passant par les serveurs, les outils création sites ou de boutiques en ligne ou encore la publicité en ligne, l'hébergeur couvre tout le cycle de vie d'un projet digital.

Cependant, attention aux tarifs agressifs sur les noms de domaine à

1€, voire « gratuits » : après la première année, les utilisateurs sont renouvelés à 24,90€ HT, sur une mini-souscription d'hébergement.

Cet hébergeur accepte les paiements par cartes de crédit, virements bancaires, et PayPal.

9. IONOS by 1&1 : un poids lourd historique

Pas de stockage gratuit, pas de serveurs localisés en France, opacité trop marquée sur les tarifs, performances modestes.... Ionos n'est pas vraiment très attractif. L'hébergeur sera davantage privilégié par les entreprises pour l'exhaustivité de ses offres professionnelles

On connaissait surtout IONOS sous l'appellation 1&1, ce qui permet d'emblée de réaliser qu'il s'agit également d'un acteur historique sur le domaine de l'hébergement. L'hébergeur est présente dans 9 pays, dispose de plus de

90 000 serveurs en fonctionnement et de 10 datacenters géo-redondants. Les centres de données de l'hébergeur sont localisés à Karlsruhe et Hanau (Allemagne), à Niederlauterbach (France), et à Lenexa (États-Unis). Ils sont certifiés Tier III et Tier IV.

Si l'hébergeur allemand possède des serveurs en France, elle affiche une opacité trop marquée sur les tarifs et des performances modestes. Par ailleurs, l'utilisateur ne pourra pas tester l'interface via une offre gratuite. L'hébergeur sera donc davantage privilégié par les entreprises pour l'exhaustivité de ses offres professionnelles sur Windows ou Linux. Nous retrouvons par exemple des services d'aide au référencement et plus largement, d'accompagnement au web marketing.

IONOS by 1&1 : offres d'hébergement web

Parmi les avantages de l'hébergeur IONOS, notons des offres sur-mesure sans engagement, variant du simple nom de domaine à la meilleure infrastructure cloud. L'hébergeur communique sur des données protégées par des data centers géo-redondants certifiés ISO 27001. Enfin, point non négligeable, IONOS met à disposition une assistance technique disponible 24/7 en français par téléphone, email ou chat.

L'hébergeur accepte les paiements par prélèvements automatiques, cartes bancaires, PayPal, et mandats administratifs.

10. PlanetHoster : parfait pour débuter gratuitement

World Lite est ce qu'il se fait de mieux pour débuter. Certes, l'utilisateur ne dispose pas de nom de domaine gratuit mais il pourra prendre en main une application PHP. PlanetWorld est l'hébergeur le plus transparent du marché, ses

performances sont bonnes et en plus il dispose d'infrastructure en France.

PlanetHoster est un hébergeur canadien disposant de serveurs en France. D'ailleurs l'utilisateur peut choisir l'endroit où il souhaite voir ses données hébergées. Il gère elle-même ses centres de données en Tier III au Canada et Tier II en France.

PlanetHoster : offres d'hébergement web

A l'instar de O2Switch, PlanetHoster joue sur la rationalisation avec une offre de base baptisée The World à partir de 6 euros TTC par mois permettant de créer huit comptes d'hébergement web indépendants sur des infrastructures différentes en France et au Canada.

PlanetHoster accepte les paiements par cartes bancaires (Visa, Mastercard), virements bancaires, virements IBAN, PayPal, Skills et Bitcoins.

PlanetHoster : l'offre gratuite

Une offre gratuite est aussi disponible : PlanetHoster est probablement le meilleur hébergeur web gratuit grâce à cette offre présentée sous la forme d'un hébergement dynamique avec quelques CMS à installer sur un sous-domaine avec 750 Mo de stockage.

48 JOUER DANS LE METRO, C'EST DU SERIEUX !

Toute personne désirant se produire dans l'enceinte de la RATP peut librement se présenter au casting des Musiciens du Métro. Deux fois par an, la RATP organise des auditions en vue de

délivrer 300 autorisations grâce auxquelles les bénéficiaires pourront se produire dans les gares et stations du réseau pendant 6 mois.
Il est strictement interdit de jouer d'un instrument de musique, de chanter ou de réaliser une quelconque prestation musicale en vue de récolter des fonds sans autorisation spécifique délivrée par la RATP.

Toute personne désirant se produire dans l'enceinte de la RATP peut librement se présenter au casting des Musiciens du Métro.

Deux fois par an, la RATP organise des auditions en vue de délivrer 300 autorisations grâce auxquelles les bénéficiaires pourront se produire dans les gares et stations du réseau pendant 6 mois.

Attention : cette autorisation ne vaut pas pour les rames de métro et de RER, ni pour l'intérieur des bus et des tramways, ni pour la salle d'échanges de Châtelet – Les Halles.

Auditions

Les auditions des musiciens sont organisées par la structure Espace Metro Accords de la RATP, dont notre association est indépendante.

Antoine Naso et Stella Sainson y gèrent chaque année le millier d'auditions donnant lieu à 300 accréditations tous les 6 mois. Ils organisent aussi avec la RATP différentes manifestations dans les transports (fête de la musique, journées du patrimoine...) ou en partenariat avec de grandes scènes comme Solidays et le Festival Art Rock de Saint-Brieuc.

Si vous passez cette audition avec succès, rejoignez notre association !

Pour contacter Espaces Métro Accords (RATP), vous pouvez utiliser le formulaire ci-dessous :

https://musiciensdumetro.com/auditions

Comment postuler à un festival de musique ?

Critères pour postuler au Fair :

Résider en France (pour au moins la moitié du groupe, dont les auteurs-compositeurs) Être inscrit à la SACEM (ou en cours d'inscription) et avoir un répertoire comportant au minimum 80% de compositions originales. Avoir effectué au moins 5 dates de concerts depuis la création du groupe.

49 COMMENT ETRE PROGRAMME EN FESTIVAL ?

Résultat de recherche d'images pour "Comment participer a un festival de musique"

Les différentes étapes à respecter pour l'organisation d'un festival.

Définir le thème du festival... ...

Choisir et prendre contact avec les intervenants. ...

Établir la programmation. ...

Déterminer le budget d'organisation du festival. ...

Effectuer une déclaration ou une demande d'autorisation. ...

Demander des autorisations supplémentaires

50 PRESSER UN CD OU UN VINYLE : POURQUOI ? COMMENT ?

A l'heure du numérique, est-il toujours utile de presser des supports physiques ? La réponse est oui, même s'ils ne serviront pas uniquement à la vente ! Voici quelques conseils avant de vous lancer.

La première question à se poser est la suivante : à quoi vont me servir mes Cds et vinyles ? Dois-je presser des deux ? La réponse dépend de votre projet et de l'esthétique dans laquelle vous évoluez. Dans certains styles de musique, le public est toujours très friand des objets. Les labels de free folk ou de musiques lo-fi se sont même mis à refaire des K7 audio, pour coller à l'esprit DIY des origines. Et la vente de supports physiques marche toujours très bien sur les tables de merchandising pendant les concerts.

Alors quoi presser ? Des Cds, c'est toujours utile pour démarcher des professionnels, même si ceux-ci passent progressivement au tout digital. Un vinyle, c'est un bel objet pour lequel le public consentira plus facilement à débourser 15 euros, même s'il ne possède pas nécessairement de platine pour l'écouter. C'est presque un objet « collector » pour un fan. Et c'est un support très prisé par les amateurs de musiques électroniques, de punk et de rock indé, et même de chanson. Alors à vous de voir, en fonction de votre budget et de vos canaux de vente et de diffusion, quel est le bon mix entre digital et supports physiques.

Si vous désirez n'avoir qu'une carte de visite sonore pour démarcher des lieux de concert ou éventuellement des labels, il est tout à fait envisageable de faire appel à votre sens du Do It Yourself. Autrement dit, faites-le vous-mêmes ! Sois-vous utilisez votre ordinateur personnel pour cela en téléchargeant un logiciel spécialement conçu pour ce genre d'opération, par exemple CDBurnerXP (pour Windows) ou LiquidCD (pour Mac).

Sois-vous investissez dans un graveur professionnel de CD si vous pensez en avoir régulièrement l'utilité. Ce deuxième cas de figure peut s'adresser aux groupes qui préfèrent régulièrement sortir des productions : un EP avec une poignée de morceaux, un split avec une autre formation, un live, etc… Le prix de ce genre de graveur varie bien sûr selon les options de la machine avec une fourchette allant de 400 à 1000 euros environ. Cela reste une démarche très artisanale car vous devrez vous occuper de toutes les étapes du début jusqu'à la fin. En n'oubliant surtout pas qu'un petit coup de mastering avant le pressage n'est pas une étape à négliger.

Par contre, vous serez totalement libres de décider du format de la pochette et du livret. Rien ne vous empêchera de laisser libre cours à votre imagination en créant un packaging hors des sentiers battus à base d'éléments de récupération (carton, métal, plastique, etc…).

La bonne quantité

Si vous décidez de faire appel à une société professionnelle spécialisée dans la gravure de CD, la question de la quantité sera toujours d'actualité. C'est un problème épineux, souvent dicté par le budget global que vous avez décidé de consacrer à votre production. Combien reste-t-il dans les caisses du groupe après le passage en studio ? Quel sera le prix de vente unitaire de l'objet ?

Si vous faites régulièrement des concerts et que vous avez un stand dédié à la vente de vos produits, ne considérez pas votre CD comme un objet à part. On pense parfois, à tort, qu'un disque à une durée de vie très courte. Cela est vrai pour les groupes connus qui ont une distribution dans les magasins digne de ce nom. Pour les formations indépendantes, cela est différent. Quand vous faites des t-shirts, vous ne les jetez pas parce qu'ils sont trop vieux ou parce que vous avez décidé d'en faire d'autres avec un visuel différent. C'est en quelque sorte la même chose pour votre CD.

Rien ne vous empêchera de continuer à le vendre sur votre stand même des années après, en le proposant à prix réduit ou en lot avec une nouvelle production ou un t-shirt. Commandez une petite quantité de CD fera augmenter son prix unitaire et, quand on regarde bien la différence de prix entre 500 et 1000 CD, voire 2000, celle-ci n'est pas si grande, surtout qu'un retirage coûtera plus cher…

Les bonnes adresses

Il existe aujourd'hui une multitude d'entreprises spécialisées en la matière et il ne sera pas facile de choisir la bonne, chacune ayant des arguments divers et variés pour appâter le chaland. Le mieux est de préparer en amont (par exemple lorsque vous entrez en studio) cette étape. En demandant plusieurs devis à des boîtes différentes ou à une même boîte, mais avec des quantités variables ou des options de packaging changeantes (pochette cartonnée, digipack, livret intérieur ou pas, etc…). Puis en dressant une liste sur papier de toutes ces informations, histoire de prendre du recul dans ce monceau de chiffres.

Pour vous simplifier la vie, nous vous avons sélectionné quelques adresses de sociétés pour qui le pressage de CD n'a plus de secrets :

– Confliktarts

– Reverberation

– MPO

– Vocation Records

La liste pourrait être sacrément plus longue, mais avec un peu patience dans votre recherche, nul doute que vous trouverez le bon compromis. On aurait pu aborder l'option de faire presser votre CD à l'étranger. Il est vrai que dans certains pays, le coût financier est au final moindre que dans l'Hexagone. Cependant, les problèmes liés au choix d'aller voir hors de nos frontières peuvent vite devenir un sacré casse-tête. Imaginez qu'il y ait un quelconque souci lors de la réception des CD. Il vous faudra batailler dans une langue que vous ne maîtrisez pas forcément, s'occuper du retour de la marchandise... Bref, pour quelques euros économisés, vous risquez d'engranger une bonne dose de stress ! Ne vous compliquez pas la vie, le savoir-faire à la française reste un gage de sécurité.

Pense-bête

Pour ne pas être pris au dépourvu quand l'heure du pressage final sera venue, il est important que certains éléments soient préparés de manière irréprochable. Respectez bien les cotes pour ce qui est du format des différents visuels de votre CD (pochette, livret). Et la qualité des photos choisies. Si le mastering de vos morceaux est plus que vivement conseillé afin d'avoir un son de qualité optimale avant d'envoyer le tout en duplication, renseignez-vous sur les formats sonores qui vous seront demandés par la société de pressage (WAV, AIFF).

Il va sans dire que le format MP3 est à bannir... Une réflexion poussée avec tous les membres du groupe (et pourquoi pas des amis proches pour avoir quelques avis extérieurs) sur l'ordre des morceaux et sur d'éventuels enchainements ne sera pas du superflu. Enfin, sachez que pour chaque pressage de disque, que vous soyez amateurs ou professionnels, vous devez obtenir une autorisation de la Société des Droits de Reproduction Mécanique (SDRM), même si vous n'êtes pas sociétaire de la SACEM (voir ici le tuto consacré à cet organisme). Si vous n'êtes pas membre de la SACEM et que vos œuvres ne sont pas déposées, vous devez quand même obtenir la déclaration (gratuite) de la SDRM. Après avoir indiqué certaines informations (titres, chanteur, compositeur), la SDRM vérifiera qu'il n'y a pas de droits d'auteur à verser. Elle constatera qu'ils ne connaissent pas les auteurs/compositeurs et vous obtiendrez la fameuse autorisation où sera spécifié que les œuvres sont en « Propriétaire Actuellement Inconnu ». Vous ne paierez donc rien, que vos disques soient des objets promotionnels.

L'essentiel de la musique indépendant est destiné aux artistes musiciens amateurs, semi professionnels voir professionnels qui souhaitent réussir dans l'industrie musicale.

Ce livre vous propose plusieurs outils nécessaires pour la réussite de votre projet ou carrière artistique.

Fini les angoisses !

L'essentiel de la music indépendante vous apporte les solutions adaptées et des contactes directs pour l'évolution de votre projet. Vous saurez désormais quoi faire, comment le faire, quand le faire, avec qui le faire.

Devenir célèbre, c'est bien, maitriser sa communication et son image c'est encore mieux

Lovin' Spoonful
Lynyrd Skynyrd
Loverboy
Gordon Lightfoot
Little Feat
Huey Lewis & The News
Mamas & Papas
Manfred Mann
Madonna
Moody Blues
Monkees
Eddie Money
Steve Miller Band
Molly Hatchet
Huey Lewis
Steve Miller Band Ultimate Hits

L'ESSENTIEL DE LA MUSIQUE INDÉPENDANT

EDITION 1

www.ingramcontent.com/pod-product-compliance
Lightning Source LLC
LaVergne TN
LVHW012100160826
845678LV00014B/2890

* 9 7 9 8 3 6 3 4 4 9 2 7 7 *